AF599708

Félix Lope de Vega y Carpio

El castigo sin venganza

Barcelona 2024
Linkgua-ediciones.com

Créditos

Título original: El castigo sin venganza.

info@linkgua.com

Diseño de cubierta: Michel Mallard.

ISBN tapa dura: 978-84-1126-195-1.
ISBN rústica: 978-84-9816-175-5.
ISBN ebook: 978-84-9897-197-2.

Sumario

Brevísima presentación

La vida

Félix Lope de Vega y Carpio (Madrid, 1562-Madrid, 1635). España.

Nació en una familia modesta, estudió con los jesuitas y no terminó la universidad en Alcalá de Henares, parece que por asuntos amorosos. Tras su ruptura con Elena Osorio (Filis en sus poemas), su gran amor de juventud, Lope escribió libelos contra la familia de ésta. Por ello fue procesado y desterrado en 1588, año en que se casó con Isabel de Urbina (Belisa).

Pasó los dos primeros años en Valencia, y luego en Alba de Tormes, al servicio del duque de Alba. En 1594, tras fallecer su esposa y su hija, fue perdonado y volvió a Madrid. Allí tuvo una relación amorosa con una actriz, Micaela Luján (Camila Lucinda) con la que tuvo mucha descendencia, hecho que no impidió su segundo matrimonio, con Juana Guardo, del que nacieron dos hijos.

Entonces era uno de los autores más populares y aclamados de la Corte. En 1605 entró al servicio del duque de Sessa como secretario, aunque también actuó como intermediario amoroso de éste. La desgracia marcó sus últimos años: Marta de Nevares una de sus últimas amantes quedó ciega en 1625, perdió la razón y murió en 1632. También murió su hijo Lope Félix. La soledad, el sufrimiento, la enfermedad, o los problemas económicos no le impidieron escribir.

Personajes

El duque de Ferrara
Febo, criado del Duque
Ricardo, criado del Duque
El conde Federico, su hijo ilegítimo
Batín, lacayo del conde Federico
El marqués Gonzaga, de Mantua
Rutilio, criado del Marqués
Aurora, sobrina del Duque de Ferrara
Casandra, la Duquesa de Ferrara
Lucrecia, criada de la Duquesa
Floro, criado
Fabio
Una Mujer
Lucindo, criado
Albano, criado
Cintia, mujer del pueblo

Jornada primera

(Salen el Duque, Febo y Ricardo.)

Ricardo ¡Linda burla!

Febo ¡Por extremo!
Pero, ¿quién imaginara
que era el duque de Ferrara?

Duque Que no me conozcan temo.

Ricardo Debajo de ser disfraz,
hay licencia para todo;
que aun el cielo en algún modo
es de disfraces capaz.
¿Qué piensas tú que es el velo
con que la noche le tapa?
Una guarnecida capa
con que se disfraza el cielo.
Y para dar luz alguna,
las estrellas que dilata
son pasamanos de plata,
y una encomienda la Luna.

Duque ¿Ya comienzas desatinos?

Febo No, lo ha pensado poeta
de estos de la nueva seta,
que se imaginan divinos.

Ricardo Si a sus licencias apelo,
no me darás culpa alguna;
que yo sé quien a la Luna

llamó requesón del cielo.

Duque

Pues no te parezca error;
que la poesía ha llegado
a tan miserable estado,
que es ya como jugador
de aquellos transformadores,
muchas manos, ciencia poca,
que echan cintas por la boca,
de diferentes colores.
Pero dejando a otro fin
esta materia cansada,
no es mala aquella casada.

Ricardo

¿Cómo mala? ¡Un serafín!
Pero tiene un bravo azar,
que es imposible sufrillo.

Duque

¿Cómo?

Ricardo

Un cierto maridillo
que toma y no da lugar.

Febo

Guarda la cara.

Duque

Ése ha sido
siempre el más cruel linaje
de gente de este paraje.

Febo

El que la gala, el vestido
y el oro deja traer
tenga, pues él no lo ha dado,
lástima al que lo ha comprado;
pues si muere su mujer,

ha de gozar la mitad
como bienes gananciales.

Ricardo

Cierto que personas tales
poca tienen caridad,
hablando cultidiablesco,
por no juntar las dicciones.

Duque

Tienen esos socarrones
con el diablo parentesco;
que, obligando a consentir,
después estorba el obrar.

Ricardo

Aquí pudiera llamar;
pero hay mucho que decir.

Duque

¿Cómo?

Ricardo

Una madre beata
que reza y riñe a dos niñas
entre majuelos y viñas,
una perla y otra plata.

Duque

Nunca de exteriores fío.

Ricardo

No lejos vive una dama,
como azúcar de retama:
dulce y morena.

Duque

¿Qué brío?

Ricardo

El que pide la color;
mas el que con ella habita
es de cualquiera visita

cabizbajo rumiador.

Febo — Rumiar siempre fue de bueyes.

Ricardo — Cerca habita una mujer,
que diera buen parecer
si hubiera estudiado leyes.

Duque — Vamos allá.

Ricardo — No querrá
abrir a estas horas.

Duque — ¿No?
¿Y si digo quién soy yo?

Ricardo — Si lo dices, claro está.

Duque — Llame pues.

Ricardo — Algo esperaba,
que a dos patadas salió.

(Cintia en alto.)

Cintia — ¿Quién es?

Ricardo — Yo soy.

Cintia — ¿Quién es yo?

Ricardo — Amigos, Cintia; abre, acaba,
que viene el duque conmigo.
Tanto mi alabanza pudo.

Cintia ¿El duque?

Ricardo ¿Eso dudas?

Cintia Dudo,
no digo el venir contigo,
mas el visitarme a mí
tan gran señor y a tal hora.

Ricardo Por hacerte gran señora
viene disfrazado así.

Cintia Ricardo, si el mes pasado
lo que agora me dijeras
del duque, me persuadieras
que a mis puertas ha llegado;
pues toda su mocedad
ha vivido indignamente,
fábula siendo a la gente
su viciosa libertad.
Y como no se ha casado
por vivir más a su gusto,
sin mirar que fuera injusto
ser de un bastardo heredado,
aunque es mozo de valor
Federico, yo creyera
que el duque a verme viniera.
Mas ya que como señor
se ha venido a recoger,
y de casar concertado,
su hijo a Mantua ha enviado
por Casandra, su mujer,
no es posible que ande haciendo

locuras de noche ya,
cuando esperándola está
y su entrada previniendo;
 que si en Federico fuera
libertad, ¿qué fuera en él?
Y si tú fueras fiel,
aunque él ocasión te diera,
 no anduvieras atrevido
desilustrando su valor;
que ya el duque, tu señor,
está acostado y dormido
 y así cierro la ventana;
que ya sé que fue invención
para hallar conversación.
Adiós, y vuelve mañana.

Duque ¡A buena casa de gusto
me has traído!

Ricardo Yo, señor,
¿qué culpa tengo?

Duque Fue error
fiarle tanto disgusto
 para la noche que viene.

Febo Si quieres yo romperé
la puerta.

Duque ¡Que esto escuché!

Febo Ricardo la culpa tiene.
 Pero, señor, quien gobierna,
si quiere saber su estado,

como es temido o amado,
deje la lisonja tierna
del criado adulador,
y disfrazado de noche,
en traje humilde, os en coche,
salga a saber su valor;
que algunos emperadores
se valieron de este engaño.

Duque

Quien escucha, oye su daño;
y fueron, aunque los dores,
filósofos majaderos,
porque el vulgo no es censor
de la verdad, y es error
de entendimientos groseros
fiar la buena opinión
de quien, inconstante y vario,
todo lo juzga al contrario
de la ley de la razón.
Un quejoso, un descontento
echa, por vengar su ira,
en el vulgo una mentira,
a la novedad atento.
Y como por su bajeza
no la puede averiguar
ni en los palacios entrar,
murmura de la grandeza.
Yo confieso que he vivido
libremente y sin casarme,
por no querer sujetarme,
y que también parte ha sido
pensar que me heredaría
Federico, aunque bastardo;
mas ya que a Casandra aguardo,

que Mantua con él me envía
todo lo pondré en olvido.

Febo
Será remedio casarte.

Ricardo
Si quieres desenfadarte
pon a esta puerta el oído.

Duque
¿Cantan?

Ricardo
¿No lo ves?

Duque
¿Pues, quién
vive aquí?

Ricardo
Vive un autor
de comedias.

Fabio
Y el mejor
de Italia.

Duque
Ellos cantan bien.
¿Tiénelas buenas?

Ricardo
Están
entre amigos y enemigos:
buenas las hacen amigos
con los aplausos que dan
y los enemigos malas.

Febo
No pueden ser buenas todas.

Duque
Febo, para nuestras bodas
prevén las mejores salas

y las comedias mejores,
que no quiero que repares
en las que fueren vulgares.

Febo — Las que ingenios y señores
aprobaren, llevaremos.

Duque — ¿Ensayan?

Ricardo — Y habla una dama.

Duque — Si es Andrelina, es de fama.
¡Qué acción! ¡Qué afectos! ¡Qué extremos!

(Habla dentro la voz de una Mujer.)

Mujer — Déjame, pensamiento.
No más, no más, memoria,
que mi pasada gloria
conviertes en tormento,
y de este sentimiento
ya no quiero memoria, sino olvido;
que son de un bien perdido
—aunque presumes que mi mal mejoras—
discursos tristes para alegres horas.

Duque — ¡Valiente acción!

Febo — ¡Extremada!

Duque — Más oyera; pero estoy
sin gusto. A acostarme voy.

Ricardo — ¿A las diez?

Duque Todo me enfada.

Ricardo Mira que es esta mujer
única.

Duque Temo que hable
alguna cosa notable.

Ricardo De ti, ¿cómo puede ser?

Duque ¿Agora sabes, Ricardo,
que es la comedia un espejo,
en que el necio, el sabio, el viejo,
el mozo, el fuerte, el gallardo,
el rey, el gobernador,
la doncella, la casada,
siendo al ejemplo escuchada
de la vida y del honor,
retrata nuestras costumbres,
o livianas o severas,
mezclando burlas y veras,
donaires y pesadumbres?
Basta, que oí del papel
de aquella primera dama
el estado de mi fama;
bien claro me hablaba en él.
¿Que escuche me persuades
la segunda? Pues no ignores
que no quieren los señores
oír tan claras verdades.

(Salen Federico, de camino, muy galán, y Batín.)

Batín
Desconozco el estilo de tu gusto.
¿Agora en cuatro sauces te detienes,
cuando a negocio, Federico, vienes
de tan grande importancia?

Federico
Mi disgusto
no me permite, como fuera justo,
más prisa y más cuidado;
antes la gente dejo, fatigado
de varios pensamientos,
y al dosel de estos árboles, que, atentos
a las dormidas ondas de este río,
en su puro cristal, sonoro y frío,
mirando están sus copas,
después que los vistió de verdes ropas,
de mí mismo quisiera retirarme;
que me cansa el hablarme,
del casamiento de mi padre, cuando
pensé heredarle; que si voy mostrando
a nuestra gente gusto, como es justo,
el alma llena de mortal disgusto,
camino a Mantua, de sentido ajeno;
que voy por mi veneno
en ir por mi madrastra, aunque es forzoso.

Batín
Ya de tu padre el proceder vicioso,
de propios y de extraños reprendido,
quedó a los pies de la virtud vencido;
ya quiero sosegarse;
que no hay freno, señor, como casarse.
Presentóle un vasallo
al rey francés un bárbaro caballo
de notable hermosura,
cisne en el nombre y por la nieve pura

de la piel que cubrían
las rizas canas, que los pies caían
de la cumbre del cuello, en levantando
la pequeña cabeza.
Finalmente le dio naturaleza,
que alguna dama estaba imaginando,
hermosura y desdén, porque su furia
tenía por injuria
sufrir al picador más fuerte y diestro.
Viendo tal hermosura y tal siniestro,
mandóle el rey echar en una cava
a un soberbio león que en ella estaba
y en viéndole feroz, apenas viva
el alma sensitiva,
hizo que el cuerpo alrededor se entolde
de las crines, que ya crespas sin molde,
si el miedo no lo era,
formaron como lanzas blanca esfera,
y en espín erizado
de orgulloso caballo transformado,
sudó por cada pelo
una gota de hielo,
y quedó tan pacífico y humilde,
que fue un enano en sus arzones tilde;
y el que a los picadores no sufría,
los pícaros sufrió desde aquel día.

Federico

Batín, ya sé que mi vicioso padre
no pudo haber remedio que le cuadre
como es el casamiento;
pero, ¿no ha de sentir mi pensamiento
haber vivido con tan loco engaño?
Ya sé que al más altivo, al más extraño,
le doma una mujer, y que delante

de este león, el bravo, el arrogante
se deja sujetar del primer niño,
que con dulce cariño
y media lengua, o muda o balbuciente,
teniéndole en los brazos le consiente
que le tome la barba.
Ni rudo labrador la roja parva,
como un casado la familia mira,
y de todos los vicios se retira.
Mas, ¿qué me importa a mí que se sosiegue
mi padre, y que se niegue
a los vicios pasados,
si han de heredar sus hijos sus estados,
y yo, escudero vil, traer en brazos
algún león que me ha de hacer pedazos?

Batín — Señor, los hombres cuerdos y discretos,
cuando se ven sujetos
a males sin remedio
poniendo a la paciencia de por medio,
fingen contento, gusto y confianza.
por no mostrar envidia y dar venganza.

Federico — ¿Yo sufriré madrastra?

Batín — ¿No sufrías
las muchas que tenías
con los vicios del duque? Pues agora
sufre una sola que es tan gran señora.

Federico — ¿Qué voces son aquéllas?

Batín — En el vado del río suena gente.

Federico — Mujeres son; a verlas voy.

Batín — Detente.

Federico — Cobarde, ¿no es razón favorecellas?

(Vase Federico.)

Batín — Excusar el peligro es ser valiente.
¡Lucindo! ¡Albano! ¡Floro!

(Salen los tres.)

Lucindo — ¡El conde llama!

Albano — ¿Dónde está Federico?

Floro — ¿Pide acaso
los caballos?

Batín — Las voces de una dama,
con poco seso y con valiente paso
le llevaron de aquí. Mientras le sigo,
llamad la gente.

(Vase Batín.)

Lucindo — ¿Dónde vas? Espera.

Albano — Pienso que es burla.

Floro — Y yo mismo digo,
aunque suena rumor en la ribera
de gente que camina.

Lucindo Mal Federico a obedecer se inclina
el nuevo dueño, aunque por ella viene.

Albano Sale a los ojos el pesar que tiene.

(Sale Federico con Casandra en los brazos.)

Federico Hasta poneros aquí
los brazos me dan licencia.

Casandra Agradezco, caballero,
vuestra mucha gentileza.

Federico Y yo a mi buena fortuna
traerme por esta selva,
casi fuera de camino.

Casandra ¿Qué gente, señor, es ésta?

Federico Criados que me acompañan.
No tengáis, señora, pena.
Todos viene a serviros.

(Sale Batín con Lucrecia, criada, en los brazos.)

Batín Mujer, dime, ¿cómo pesas,
si dicen que sois livianas?

Lucrecia Hidalgo, ¿dónde me llevas?

Batín A sacarte por lo menos
de tanta enfadosa arena,
como la falta del río

en estas orillas deja.
Pienso que fue treta suya,
por tener ninfas tan bellas,
volverse el coche al salir;
que si no fuera tan cerca,
corriérades gran peligro.

Federico — Señora, porque yo pueda
hablaros con el respeto
que vuestra persona muestra,
decidme quién sois.

Casandra — Señor,
no hay causa por que no deba
decirlo. Yo soy Casandra,
ya de Ferrara duquesa,
hija del duque de Mantua.

Federico — ¿Cómo puede ser que sea
vuestra alteza y venir sola?

Casandra — No vengo sola; que fuera
cosa imposible; no lejos
el marqués Gonzaga queda,
a quien pedí me dejase,
atravesando una senda,
pasar sola en este río
parte de esta ardiente siesta;
y por llegar a la orilla,
que me pareció cubierta
de más árboles y sombras,
había más agua en ella,
tanto, que pude correr,
sin ser mar, fortuna adversa;

mas no pudo ser Fortuna,
pues se pararon las ruedas.
Decidme, señor, quién sois,
aunque ya vuestra presencia
lo generoso asegura
y lo valeroso muestra
que es razón que este favor,
no solo yo le agradezca,
pero el marqués y mi padre,
que tan obligados quedan.

Federico — Después que me dé la mano,
sabrá quién soy vuestra alteza.

Casandra — ¡De rodillas! Es exceso.
No es justo que lo consienta
la mayor obligación.

Federico — Señora, es justo y es fuerza.
Mirad que soy vuestro hijo.

Casandra — Confieso que he sido necia
en no haberos conocido.
¿Quién, sino quien sois, pudiera
valerme en tanto peligro?
Dadme los brazos.

Federico — Merezca
vuestra mano.

Casandra — No es razón.
Dejadles pagar la deuda,
señor conde Federico.

Federico El alma os dé la respuesta.

(Hablen quedo y diga Batín.)

Batín Ya que ha sido nuestra dicha
que esta gran señora sea
por quien íbamos a Mantua,
solo resta que yo sepa
si eres tú vuesamerced,
señoría o excelencia,
para que pueda medir
lo razonado a las prendas.

Lucrecia Desde mis primeros años
sirvo, amigo, a la duquesa.
Soy doméstica criada,
visto y desnudo a su alteza.

Batín ¿Eres camarera?

Lucrecia No.

Batín Serás hacia camarera,
como que lo fuiste a ser,
y te quedaste a la puerta.
Tal vez tienen los señores,
como lo que tú me cuentas,
unas criadas malillas,
entre doncellas y dueñas,
que son todo y no son nada.
¿Cómo te llamas?

Lucrecia Lucrecia.

Batín ¿La de Roma?

Lucrecia Más acá.

Batín ¡Gracias a Dios que con ella
tope! Que desde su historia
traigo llena la cabeza
de castidades forzadas
y de diligencias necias.
¿Tú viste a Tarquino?

Lucrecia ¿Yo?

Batín ¿Y qué hicieras si le vieras?

Lucrecia ¿Tienes mujer?

Batín ¿Por qué causa
lo preguntas?

Lucrecia Porque pueda
ir a tomar su consejo.

Batín Herísteme por la treta.
¿Tú sabes quién soy?

Lucrecia ¿De qué?

Batín ¿Es posible que no llega
aún hasta Mantua la fama
de Batín?

Lucrecia ¿Por qué excelencias?
Pero tú debes de ser

como unos necios, que piensan
que en todo el mundo su nombre
por único se celebra,
y apenas lo sabe nadie.

Batín

No quiera Dios que tal sea,
ni que murmure envidioso
de las virtudes ajenas.
Esto dije por donaire;
que no porque piense o tenga
satisfacción y arrogancia.
Verdad es que yo quisiera
tener fama entre hombres sabios,
que ciencia y letras profesas;
que en la ignorancia común
no es fama, sino cosecha,
que sembrando disparates
coge los mismo que siembra.

Casandra

Aun no acierto a encarecer
el haberos conocido;
poco es lo que había oído
para lo que vengo a ver.
El hablar, el proceder
a la persona conforma,
hijo y mi señor, de forma
que muestra en lo que habéis hecho
cuál es el alma del pecho
que tan gran sujeto informa.
Dicha ha sido haber errado
el camino que seguí,
pues más presto os conocí
por yerro tan acertado.
Cual suele en el mar airado

la tempestad, después de ella
ver aquella lumbre bella,
así fue mi error la noche,
mar el río, nave el coche,
yo el piloto, y vos mi estrella.
Madre os seré desde hoy,
señor conde Federico,
y de este nombre os suplico
que me honréis, pues ya lo soy.
De vos tan contenta estoy,
y tanto el alma repara
en prenda tan dulce y cara,
que me da más regocijo
teneros a vos por hijo,
que ser duquesa en Ferrara.

Federico

Basta que me dé temor,
hermosa señora, el veros;
no me impida el responderos
turbarme tanto favor.
Hoy el duque mi señor
en dos divide mi ser,
que del cuerpo pudo hacer
que mi ser primero fuese,
para que el alma debiese
a mi segundo nacer.
De estos nacimientos dos
lleváis, señora, la palma;
que para nacer con alma,
hoy quiero nacer de vos.
Que, aunque quien la infunde es Dios,
hasta que os vi, no sentía
en qué parte la tenía;
pues, si conocerlo os debo,

vos me habéis hecho de nuevo;
que yo sin alma vivía.
  Y de esto se considera,
pues que de vos nacer quiero,
que soy el hijo primero
que el duque de vos espera.
Y de que tan hombre quiera
nacer, no son fantasías;
que para disculpas mías,
aquel divino crisol
ha seis mil años que es Sol,
y nace todos los días.

(Salen el marqués Gonzaga y Rutilio, criado.)

Rutilio — Aquí, señor, los dejé.

Marqués — ¡Extraña desdicha fuera,
si el caballero que dices
no llegara a socorrerla!

Rutilio — Mandóme alejar, pensando
dar nieve al agua risueña,
bañando en ella los pies
para que corriese perlas;
y así no pudo llegar
tan presto mi diligencia,
y en brazos de aquel hidalgo
salió, señor, la duquesa;
pero como vi que estaban
seguros en la ribera,
corrí a llamarte.

Marqués — Allí está

entre el agua y el arena
el coche solo.

Rutilio

Estos sauces
no estorbaron el verla.
Allí está con los criados
del caballero.

Casandra

Ya llega
mi gente.

Marqués

¡Señora mía!

Casandra

¡Marqués!

Marqués

Con notable pena
a todos nos ha tenido
hasta agora vuestra alteza.
¡Gracias a Dios, que os hallamos
sin peligro!

Casandra

Después de ellas,
las dad a este caballero.
Su piadosa gentileza
me sacó libre en los brazos.

Marqués

Señor conde, ¿quién pudiera,
sino vos, favorecer
a quien ya es justo que tenga
el nombre de vuestra madre?

Federico

Señor marqués, yo quisiera
ser un Júpiter entonces,
que tranformándose cerca

en aquel ave imperial,
aunque las plumas pusiera
a la luz de tanto Sol,
ya de Faetonte soberbia,
entre las doradas uñas,
tusón del pecho la hiciera,
y por el aire en los brazos,
por mi cuidado la vieran
los del duque, mi señor.

Marqués — El cielo, señor, ordena
estos sucesos que veis,
para que Casandra os deba
un beneficio tan grande,
que desde este punto pueda
confirmar las voluntades,
y en toda Italia se vea
amarse tales contrarios,
y que en un sujeto quepan.

(Hablan los dos, y aparte Casandra y Lucrecia.)

Casandra — Mientras los dos hablan, dime,
¿qué te parece, Lucrecia,
de Federico?

Lucrecia — Señora,
si tú me dieses licencia,
mi parecer te diría.

Casandra — Aunque ya no sin sospecha,
yo te la doy.

Lucrecia — Pues yo digo...

Casandra Di.

Lucrecia Que más dichosa fueras
si se trocara la suerte.

Casandra Aciertas, Lucrecia, y yerra
mi fortuna; mas ya es hecho,
porque cuando yo quisiera,
fingiendo alguna invención
volver a Mantua, estoy cierta
que me matara mi padre,
y por toda Italia fuera
fábula mi desatino;
fuera de que no pudiera
casarme con Federico;
y así, no es justo que vuelva
a Mantua, sino que vaya
a Ferrara, en que me espera
el duque, de cuya libre
vida y condición me llevan
las nuevas con gran cuidado.

Marqués Ea, nuestra gente venga,
y alegremente salgamos
del peligro de esta selva.
Parte delante a Ferrara,
Rutilio, y lleva las nuevas
al duque del buen suceso;
si por ventura no llega
anticipada la fama,
que se detiene en las buenas
cuanto corre en siendo malas.
Vamos, señora, y prevengan

caballo al conde.

Floro El caballo
del conde.

Casandra Vuestra excelencia
irá mejor en mi coche.

Federico Como mande vuestra alteza
que vaya, la iré sirviendo.

(El Marqués lleve de la mano a Casandra y queden Federico y Batín.)

Batín ¡Qué bizarra es la duquesa!

Federico ¿Parécete bien, Batín?

Batín Paréceme una azucena
que está pidiendo al aurora
en cuatro cándidas lenguas
que le trueque en cortesía
los granos de oro a sus perlas.
No he visto mujer tan linda.
¡Por Dios, señor, que si hubiera
lugar, porque suben ya,
y no es bien que la detengas,
que te dijera...

Federico No digas
nada; que con tu agudeza
me has visto el alma en los ojos,
y el gusto me lisonjeas.

Batín ¿No era mejor para ti

esta clavellina fresca,
esta naranja en azahar,
toda de pimpollos hecha,
esta alcorza de ámbar y oro,
esta Venus, esta Elena?
¡Pese a las leyes del mundo!

Federico — Ven, no les demos sospecha;
y seré el primer alnado
a quien hermosa parezca
su madrastra.

Batín — Pues, señor,
no hay más de tener paciencia;
que a fe que a dos pesadumbres,
ella te parezca fea.

(Vanse. Salen el duque de Ferrara y Aurora, su sobrina.)

Duque — Hallarála en el camino
Federico, si partió
cuando dicen.

Aurora — Mucho erró,
pues cuando el aviso vino
era forzoso el partir
a acompañar a su alteza.

Duque — Pienso que alguna tristeza
pudo el partir diferir,
que en fin, Federico estaba
seguro en su pensamiento
de heredarme, cuyo intento,
que con mi amor consultaba,

fundaba bien su intención,
porque es Federico, Aurora,
lo que más mi alma adora,
y fue casarme traición
que hago a mi propio gusto;
que mis vasallos han sido
quien me ha forzado y vencido
a darle tanto disgusto;
si bien dicen que esperaban
tenerle por su señor,
o por conocer mi amor,
o porque también le amaban;
más que los deudos que tienen
derecho a mi sucesión,
pondrán pleito con razón;
o que si a las armas vienen,
no pudiendo concertallos,
abrasarán estas tierras,
porque siempre son las guerras
a costa de los vasallos.
Con esto determiné
casarme. No pude más.

Aurora

Señor, disculpado estás.
Yerro de Fortuna fue.
Pero la grave prudencia
del conde hallará templanza,
para que su confianza
tenga consuelo y paciencia.
Aunque en esta confusión
un consejo quiero darte,
que será remedio en parte
de su engaño y tu afición.
Perdona el atrevimiento;

que fiada en el amor
que me muestras, con valor
te diré mi pensamiento.
  Yo soy, invicto duque, tu sobrina;
hija soy de tu hermano,
que en su primera edad, como temprano
almendro que la flor al cierzo inclina,
cinco lustros, ¡ay suerte
cruel!, rindió a la inexorable muerte.
Criásteme en tu casa, porque luego
quedé también sin madre.
Tú solo fuiste mi querido padre,
y en el confuso laberinto ciego
de mis fortunas tristes
el hilo de oro que de luz me vistes.
Dísteme por hermano a Federico,
mi primo en la crianza,
a cuya siempre honesta confianza
con dulce trato honesto amor aplico,
no menos de él querida,
viviendo entrambos una misma vida.
Una ley, un amor, un albedrío,
una fe nos gobierna,
que con el matrimonio será eterna,
siendo yo suya, y Federico mío;
que aun apenas la muerte
osara dividir lazo tan fuerte.
Desde la muerte de mi padre amado,
tiene mi hacienda aumento;
no hay en Italia agora casamiento
más igual a sus prendas y a su estado;
que yo, entre muchos grandes,
ni miro a España, ni me aplico a Flandes.
Si le casas conmigo, estás seguro

de que no se entristezca
de que Casandra sucesión te ofrezca,
sirviendo yo de su defensa y muro.
Mira si en este medio
promete mi consejo tu remedio.

Duque

Dame tus brazos, Aurora,
que en mi sospecha y recelo,
eres la misma del cielo
que mi noche ilustra y dora.
Hoy mi remedio amaneces,
y en el Sol de tu consejo
miro, como en claro espejo,
el que a mi sospecha ofreces.
Mi vida y honra aseguras;
y así, te prometo al conde,
si a tu honesto amor responde
la fe con que le procuras;
que bien creo que estará
cierta de su justo amor,
como yo, que tu valor,
Aurora, merece más.
Y así, pues vuestros intentos
conformes vienen a ser,
palabra te doy de hacer
juntos los dos casamientos.
Venga el conde, y tú verás
qué día a Ferrara doy.

Aurora

Tu hija y tu esclava soy.
No puedo decirte más.

(Sale Batín.)

Batín
Vuestra alteza, gran señor,
reparta entre mí y el viento
las albricias, porque a entrambos
se las debe de derecho;
que no sé cual de los dos
vino en el otro corriendo;
yo en el viento, o él en mí,
él en mis pies, yo en su vuelo.
La duquesa, mi señora,
viene buena, y si primero
dijo la fama que el río,
con atrevimiento necio,
volvió el coche, no fue nada;
porque el conde al mismo tiempo
llegó y la sacó en los brazos,
con que las paces se han hecho
de aquella opinión vulgar:
que nunca bien se quisieron
los alnados y madrastras;
porque con tanto contento
vienen juntos, que parecen
hijo y madre verdaderos.

Duque
Esa paz, Batín amigo,
es la nueva que agradezco;
y que traiga gusto el conde,
fuera de ser nueva es nuevo.
Querrá Dios que Federico
con su buen entendimiento
se lleve bien con Casandra.
En fin, ¿ya los dos se vieron,
y en tiempo que pudo hacerle
ese servicio?

Batín Prometo
a vuestra alteza que fue
dicha de los dos.

Aurora Yo quiero
que me des nuevas también.

Batín ¡Oh, Aurora, que a la del cielo
das ocasión con el nombre
para decirte conceptos!
¿Qué me quieres preguntar?

Aurora Deseo de saber tengo
si es muy hermosa Casandra.

Batín Esa pregunta y deseo
no era de vuestra excelencia,
sino del duque; mas pienso
que entrambos sabéis por fama
lo que repetir no puedo,
porque ya llegan.

Duque Batín,
ponte esta cadena al cuello.

(Salen con gran acompañamiento y bizarría Rutilio, Floro, Albano, Lucindo, el marqués Gonzaga, Federico, Casandra y Lucrecia.)

Federico En esta huerta, señora,
os tienen hecho aposento
para que el duque os reciba,
en tanto que disponiendo
queda Ferrara la entrada,
que a vuestros merecimientos

será corta, aunque será
la mayor que en estos tiempos
en Italia se haya visto.

Casandra — Ya, Federico, el silencio
me provocaba a tristeza.

Federico — Fue de aquesta causa efecto.
Ya salen a recibiros
el Duque y Aurora.

Duque — El cielo,
hermosa Casandra, a quien
con toda el alma os ofrezco
estos estados, os guarde,
para su señora y dueño,
para su aumento y su honor,
los años de mi deseo.

Casandra — Para ser de vuestra alteza
esclava, gran señor, vengo,
que de este título solo
recibe mi casa aumento,
mi padre honor y mi patria
gloria, en cuya fe poseo
los méritos de llegar
a ser digna de los vuestros.

Duque — Dadme vos, señor Marqués,
los brazos, a quien hoy debo
prenda de tanto valor.

Marqués — En su nombre los merezco,
y por la parte que tuve

en este alegre himeneo,
pues hasta la ejecución
me sois deudor del concierto,

Aurora — Conoced, Casandra, a Aurora.

Casandra — Entre los bienes que espero
de tanta ventura mía,
es ver, Aurora, que os tengo
por amiga y por señora.

Aurora — Con serviros, con quereros
por dueño de cuanto soy,
solo responderos puedo.
Dichosa Ferrara ha sido,
¡oh Casandra!, en mereceros
para gloria de su nombre.

Casandra — Con tales favores entro,
que ya en todas mis acciones
próspero fin me prometo.

Duque — Sentaos, porque os reconozcan
con debido amor mis deudos
y mi casa.

Casandra — No replico;
cuanto mandáis obedezco.

(Siéntense debajo del dosel el Duque y Casandra y el Marqués y Aurora.)

Casandra — ¿No se sienta el conde?

Duque — No;

porque ha de ser el primero
que os ha de besar la mano.

Casandra — Perdonad; que no consiento
esa humildad.

Federico — Es agravio
de mi amor; fuera de serlo,
es ir contra mi obediencia.

Casandra — Eso no.

Federico (Aparte.) — (Temblando llego.)

Casandra — Teneos.

Federico — No lo mandéis.
Tres veces, señora, beso
vuestra mano: una por vos,
con que humilde me sujeto
a ser vuestro mientras viva,
de estos vasallos ejemplo;
la segunda por el duque,
mi señor, a quien respeto
obediente; y la tercera
por mí, porque no teniendo
más por vuestra obligación
ni menos por su precepto,
sea de mi voluntad,
señora, reconoceros;
que la que sale del alma
sin fuerza de gusto ajeno,
es verdadera obediencia.

Casandra De tan obediente cuello
sean cadena mis brazos.

Duque Es Federico discreto.

Marqués Días ha, gallarda Aurora,
que los deseos de veros
nacieron de vuestra fama,
y a mi fortuna le debo
que tan cerca me pusiese
de vos, aunque no sin miedo,
para que sepáis de mí
que, puesto que se cumplieron,
son mayores de serviros
cuando tan hermosa os veo.

Aurora Yo, señor marqués, estimo
ese favor como vuestro,
porque ya de vuestro nombre,
que por las armas eterno
será en Italia, tenía
noticia por tantos hechos.
Lo de galán ignoraba,
y fue ignorancia os confieso,
porque soldado y galán
es fuerza, y más en sujeto
de tal sangre y tal valor.

Marqués Pues haciendo fundamento
de ese favor, desde hoy
me nombro vuestro, y prometo
mantener en estas fiestas
a todos los caballeros
de Ferrara, que ninguno

tiene tan hermoso dueño.

Duque — Que descanséis es razón;
que pienso que entreteneros
es hacer la necedad
que otros casados dijeron.
No diga el largo camino
que he sido dos veces necio,
y amor que no estimo el bien,
pues no le agradezco el tiempo.

(Todos se van con grandes cumplimientos y quedan Federico y Batín.)

Federico — ¡Qué necia imaginación!

Batín — ¿Cómo necia? ¿Qué tenemos?

Federico — Bien dicen que nuestra vida
es sueño, y toda es sueño,
pues que no solo dormidos,
pero aun estando despiertos,
cosas imagina un hombre
que al más abrasado enfermo
con frenesí no pudieran
llegar a su entendimiento.

Batín — Dices bien; que alguna vez
entre muchos caballeros
suelo estar, y sin querer
se me viene al pensamiento
dar un bofetón a uno
y morderle del pescuezo.
Si estoy en algún balcón,
estoy pensando y temiendo

echarme de él, y matarme.
Si estoy en la iglesia oyendo
algún sermón, imagino
que le digo que está impreso.
Dame ganas de reír
si voy en algún entierro;
y si dos están jugando
que les tiro el candelero.
Si cantan, quiero cantar,
y si alguna dama veo,
en mi necia fantasía
asirla del moño intento,
y me salen mil colores,
como si lo hubiera hecho.

Federico

¡Jesús! ¡Dios me valga! ¡Afuera,
desatinados conceptos
de sueños despiertos! ¿Yo
tal imagino, tal pienso?
¡Tal me prometo, tal digo!
¡Tal fabrico, tal emprendo!
¡No más! ¡Extraña locura!

Batín

Pues, ¿Tú para mí secreto?

Federico

Batín, no es cosa que hice,
y así nada te reservo;
que las imaginaciones
son espíritus sin cuerpo.
Lo que no es ni ha de ser,
no es esconderte mi pecho.

Batín

Y si te lo digo yo,
¿negarásmelo?

Federico Primero
que puedas adivinarlo,
habrá flores en el cielo,
y en este jardín estrellas.

Batín Pues mira como lo acierto;
que te agrada tu madrastra
y estás entre ti diciendo...

Federico ¡No lo digas! Es verdad.
Pero yo, ¿qué culpa tengo,
pues el pensamiento es libre?

Batín Y tanto, que por su vuelo
la inmortalidad del alma
se mira como en espejo.

Federico Dichoso es el duque.

Batín ¡Y mucho!

Federico Con ser imposible, llego
a estar envidioso de él.

Batín Bien puedes, con presupuesto
de que era mejor Casandra
para ti.

Federico Con eso puedo
morir de imposible amor
y tener posibles celos.

(Vanse los dos.)

Fin de la primera jornada

Jornada segunda

(Salen Casandra y Lucrecia.)

Lucrecia

Con notable admiración
me ha dejado vuestra alteza.

Casandra

No hay altezas con tristeza,
y más si bajezas son.
Más quisiera, y con razón,
ser una ruda villana
que me hallara la mañana
al lado de un labrador,
que desprecio de un señor
en oro, púrpura y grana.
¡Pluguiera a Dios que naciera
bajamente, pues hallara
quien lo que soy estimara
y a mi amor correspondiera!
En aquella humilde esfera,
como en las camas reales,
se gozan contentos tales,
que no los crece el valor,
si los efectos de amor
son en las noches iguales.
No los halla a dos casados
el Sol por las vidrieras
de cristal, a la primeras
luces del alba, abrazados
con más gusto, ni en dorados
techos más descanso halló
que tal vez su rayo entró,
del aurora a los principios,
por mal ajustados ripios,

y un alma en dos cuerpos vio.
¡Dichosa la que no siente
un desprecio autorizado,
y se levanta del lado
de su esposo alegremente!
La que en la primera fuente
mira y lava, ¡oh cosa rara!,
con las dos manos la cara,
y no en llanto cuando fue
con ser duque de Ferrara.
Sola una noche le vi
en mis brazos en un mes,
y muchas le vi después
que no quiso verme a mí.
Pero de que viva así
¿cómo me puedo quejar,
pues que me pudo enseñar
la fama que quien vivía
tan mal, no se enmendaría
aunque mudase lugar?
Que venga un hombre a su casa
cuando viene al mundo el día,
que viva a su fantasía,
por libertad de hombre pasa.
¿Quién puede ponerle tasa?
Pero que con tal desprecio
trate una mujer de precio,
de que es casado olvidado,
o quiere ser desdichado,
o tiene mucho de necio.
El duque debe de ser
de aquéllos cuya opinión
en tomando posesión,
quieren en casa tener

como alhaja la mujer,
para adorno, lustre y gala,
silla o escritorio en sala;
y es término que condeno,
porque con marido bueno,
¡cuándo se vio mujer mala?
La mujer de honesto trato
viene para ser mujer
a su casa; que no a ser
silla, escritorio o retrato.
Basta ser un hombre ingrato,
sin que sea descortés;
y es mejor, si causa es
de algún pensamiento extraño,
no dar ocasión al daño,
que remediarle después.

Lucrecia

Tu discurso me ha causado
lástima y admiración;
que tan grande sinrazón
puede ponerte en cuidado.
¿Quién pensara que casado
fuera el duque tan vicioso,
o que no siendo amoroso,
cortés, como dices, fuera,
con que tu pecho estuviera
para el agravio animoso?
En materia de galán
puédese picar en celos,
y dar algunos desvelos,
cuando dormidos están
el desdén, el ademán,
la risa con quien pasó,
alabar al que la habló,

con que despierta el dormido;
pero celos a marido,
¿quién en el mundo los dio?
¿Hale escrito vuestra alteza
a su padre estos enojos?

Casandra — No, Lucrecia; que mis ojos
solo saben mi tristeza.

Lucrecia — Conforme a la naturaleza
y a la razón, mejor fuera
que el conde te mereciera
y que contigo casado,
asegurado su estado,
su nieto le sucediera.
Que aquestas melancolías
que trae el conde, no son,
señora, sin ocasión.

Casandra — No serán sus fantasías,
Lucrecia, de envidias mías,
ni yo hermanos le daré;
con que Federico esté
seguro que no soy yo
la que la causa le dio.
Desdicha de entrambos fue.

(Salen el Duque, Federico y Batín.)

Duque — Si yo pensara, conde, que te diera
tanta tristeza el casamiento mío,
antes de imaginarlo me muriera.

Federico — Señor, fuera notable desvarío

entristecerme a mí tu casamiento.
Ni de tu amor por eso desconfío.
Advierta pues tu claro entendimiento
que si del casamiento me pesara,
disimular supiera el descontento.
La falta de salud se ve en mi cara,
pero no la ocasión.

Duque

Mucho presumen
los médicos de Mantua y de Ferrara,
y todos finalmente se resumen
en que casarte es el mejor remedio,
en que tales tristezas se consumen.

Federico

Para doncellas era mejor medio,
señor, que para un hombre de mi estado
que no por esos medios me remedio.

Casandra

Aun apenas el duque me ha mirado.
¡Desprecio extraño y vil descortesía!

Lucrecia

Si no te ha visto, no será culpado.

Casandra

Fingir descuido es brava tiranía.
Vamos, Lucrecia; que, si no me engaño,
de este desdén le pesará algún día.

(Vanse las dos.)

Duque

Si bien de la verdad me desengaño,
yo quiero proponerte un casamiento,
ni lejos de tu amor, ni en reino extraño.

Federico

¿Es por ventura Aurora?

Duque El pensamiento
me hurtaste al producirla por los labios,
como quien tuvo el mismo sentimiento.
Yo consulté los más ancianos sabios
del magistrado nuestro, y todos vienen
en que esto sobredora tus agravios.

Federico Poca experiencia de mi pecho tienen;
neciamente me juzgan agraviado,
pues sin causa ofendido me previenen.
Ellos saben que nunca reprobado
tu casamiento de mi voto ha sido;
antes por tu sosiego deseado.

Duque Así lo creo y siempre lo he creído;
y esa obediencia, Federico, pago
con estar de casarme arrepentido.

Federico Señor, porque no entiendas que yo hago
sentimiento de cosa que es tan justa,
y el amor que me muestras satisfago,
sabré primero si mi prima gusta;
y luego disponiendo mi obediencia
pues lo contrario fuera cosa injusta,
haré lo que me mandas.

Duque Su licencia
tengo firmada de su misma boca.

Federico Yo sé que hay novedad, de cierta ciencia,
y que porque a servirle le provoca,
el marqués en Ferrara se ha quedado.

Duque Pues eso, Federico, ¿qué te toca?

Federico Al que se ha de casar le da cuidado
el galán que ha servido y aún enojos;
que es escribir sobre papel borrado.

Duque Si andan los hombres a mirar antojos,
encierren en castillos las mujeres
desde que nacen, contra tantos ojos;
que el más puro cristal, si verte quieres,
se mancha del aliento; mas, ¿qué importa
si del mirar escrupuloso eres?
Pues luego que se limpia y se reporta,
tan claro queda como estaba antes.

Federico Muy bien tu ingenio y tu valor me exhorta.
Señor, cuando centellas rutilantes
escupe alguna fragua, y el que fragua
quiere apagar las llamas resonantes,
moja las brasas de la ardiente fragua;
pero rebeldes ellas, crecen luego,
y arde el fuego voraz lamiendo el agua.
Así un marido del amante ciego
templa el deseo y la primera llama;
pero puede volver más vivo el fuego;
y así, debo temerme de quien ama;
que no quiero ser agua que le aumente,
dando fuego a mi honor y humo a mi fama.

Duque Muy necio, conde, estás e impertinente.
Hablas de Aurora, cual si noche fuera,
con bárbaro lenguaje e indecente.

Federico Espera.

Duque ¿Para qué?

Federico Señor, espera.

(Vase el Duque.)

Batín ¡Oh qué bien has negociado
la gracia del duque!

Federico Espero
su desgracia, porque quiero
ser en todo desdichado;
que mi desesperación
ha llegado a ser de suerte
que solo para la muerte
me permite apelación.
Y si muriera quisiera
poder volver a vivir
mil veces, para morir
cuantas a vivir volviera.
Tal estoy, que no me atrevo
ni a vivir ni a morir ya,
por ver que el vivir será
volver a morir de nuevo.
Y si no soy mi homicida,
es por ser mi mal tan fuerte,
que porque es menos la muerte,
me dejo estar con la vida.

Batín Según eso, ni tú quieres
vivir, conde, ni morir;
que entre morir y vivir
como hermafrodita eres;

que como aquél se compone
de hombre y mujer, tú de muerte
y vida; que de tal suerte
la tristeza te dispone,
que ni eres muerte ni vida.
Pero ¡por Dios! que, mirado
tu desesperado estado,
me obligas a que te pida
o la razón de tu mal
o la licencia de irme
adonde que fui confirme
desdichado por leal.
Dame tu mano.

Federico Batín,
si yo decirte pudiera
mi mal, mal posible fuera,
y mal que tuviera fin.
Pero la desdicha ha sido
que es mi mal de condición
que no cabe en mi razón
sino solo en mi sentido;
que cuando por mi consuelo
voy a hablar, me pone en calma
ver que de la lengua al alma
hay más que del suelo al cielo,.
Vete, si quieres, también,
y déjame solo aquí,
porque no haya cosa en mí
que aun tenga sombra de bien.

(Salen Casandra y Aurora.)

Casandra ¿De eso lloras?

Aurora ¿Le parece
a vuestra alteza, señora,
sin razón, si el conde agora
me desprecia y aborrece?
Dice que quiero al marqués
Gonzaga. ¿Yo a Carlos, yo?
¿Cuándo? ¿Cómo? Pero no;
que ya sé lo que esto es.
Él tiene en su pensamiento
irse a España, despechado
de ver su padre casado;
que antes de su casamiento
la misma luz de sus ojos
era yo; pero ya soy
quien en los ojos le doy,
y mis ojos sus enojos.
¿Qué aurora nuevas del día
trajo al mundo sin hallar
al conde donde a buscar
la de sus ojos venía?
¿En qué jardín, en qué fuente
no me dijo el conde amores?
¿Qué jazmines o qué flores
no fueron mi boca y frente?
Cuando de mí se apartó,
¿qué instante vivió sin mí?,
o, ¿cómo viviera en sí,
si no le animara yo?
Que tanto el trato acrisola
la fe de amor, que de dos
almas que nos puso Dios,
hicimos un alma sola.
Esto desde tiernos años,

porque con los dos nació
este amor, que hoy acabó
a manos de sus engaños.
Tanto pudo la ambición
del estado que ha perdido.

Casandra

Pésame de que haya sido,
Aurora, por mi ocasión.
Pero templa tus desvelos
mientras voy a hablar con él,
si bien es cosa cruel
poner en razón los celos.

Aurora

¿Yo celos?

Casandra

Con el marqués
dice el duque.

Aurora

Vuestra alteza
crea que aquella tristeza
ni es amor, ni celos es.

(Vase Aurora.)

Casandra

Federico.

Federico

Mi señor,
dé vuestra alteza la mano
a su esclavo.

Casandra

¿Tú en el suelo?
Conde, no te humilles tanto;
que te llamaré «excelencia».

Federico — Será de mi honor agravio.
Ni me pienso levantar
sin ella.

Casandra — Aquí están mis brazos.
¿Qué tienes? ¿Qué has visto en mí?
Parece que estás temblando.
¿Sabes ya lo que te quiero?

Federico — El haberlo adivinado,
el alma lo dijo al pecho,
el pecho al rostro, causando
el sentimiento que miras.

Casandra — Déjanos solos un rato,
Batín; que tengo que hablar
al conde.

Batín (Aparte.) — (¡El conde turbado,
a hablarle Casandra a solas!
No lo entiendo.)

(Vase Batín.)

Federico (Aparte.) — (¡Ay cielo!, en tanto
que muero Fénix, poned
a tanta llama descanso,
pues otra vida me espera.)

Casandra — Federico, aunque reparo
en lo que me ha dicho Aurora
de tus celosos cuidados
después que vino conmigo
a Ferrara el marqués Carlos,

por quien de casarte dejas,
apenas me persuado
que tus méritos desprecies,
siendo, como dicen sabios
desconfianza y envidia;
que más tiene de soldado,
aunque es gallardo el marqués,
que de galán cortesano.
De suerte que lo que pienso
de tu tristeza y recato
es porque el duque, tu padre,
se casó conmigo, dando
por ya perdida tu acción,
a la luz del primero parto,
que a sus estados tenías.
Y siendo así que yo causo
tu desasosiego y pena,
desde aquí te desengaño,
que puedes estar seguro
de que no tendrás hermanos,
porque el duque, solamente
por cumplir con sus vasallos,
este casamiento ha hecho;
que sus viciosos regalos,
por no les dar otro nombre,
apenas el breve espacio
de una noche, que su cuenta
fue cifra de muchos años,
mis brazos le permitieron;
que a los deleites pasados
ha vuelto con mayor furia,
roto el freno de mis brazos.
Como se suelta al estruendo
un arrogante caballo

del atambor, porque quiero
usar de término casto,
que del bordado jaez
va sembrando los pedazos,
allí las piezas del freno
vertiendo espumosos rayos,
allí la barba y la rienda,
allí las cintas y lazos.
Así el duque, la obediencia
rota al matrimonio santo,
va por mujercillas viles
pedazos de honor sembrando.
Allí se deja la fama,
allí los laureles y arcos,
los títulos y los nombres
de sus ascendientes claros,
allí el valor, la salud
y el tiempo tan mal gastado,
haciendo las noches días
en estos indignos pasos;
con que sabrás cuán seguro
estás de heredar su estado;
o escribiendo yo a mi padre
que es, más que esposo, tirano,
para que me saque libre
del Argel de su palacio,
si no anticipa la muerte
breve fin a tantos daños.

Federico

Comenzando vuestra alteza
riñéndome, acaba en llanto
su discurso, que pudiera
en el más duro peñasco
(Aparte.) imprimir dolor. (¿Qué es esto?

Sin duda que me ha mirado
por hijos de quien la ofende;
pero yo la desengaño
que no parezca hijo suyo
para tan injustos casos.)
Esto persuadido así,
de mi tristeza, me espanto
que la atribuyas, señora,
a pensamientos tan bajos.
¿Ha menester Federico,
para ser quien es, estado?
¿No lo son los de mi prima,
si yo con ella me caso,
o si la espada por dicha
contra algún príncipe saco
de estos confinantes nuestros,
los que me quitan restauro?
No procede mi tristeza
de interés; y aunque me alargo
a más de lo que es razón,
sabe, señora, que paso
una vida la más triste
que se cuenta de hombre humano
desde que Amor en el mundo
puso las flechas al arco.
Yo me muero sin remedio,
mi vida se va acabando,
como vela, poco a poco,
y ruego a la muerte en vano
que no aguarde a que la cera
llegue al último desmayo,
sino que con breve soplo
cubra de noche mis años.

Casandra

Detén, Federico ilustre,
las lágrimas; que no ha dado
el cielo el llanto a los hombres,
sino el ánimo gallardo.
Naturaleza el llorar
vinculó por mayorazgo
en las mujeres, a quien,
aunque hay valor, faltan manos.
No en los hombres, que una vez
solo pueden, y es en caso
de haber perdido el honor,
mientras vengan el agravio.
¡Mal haya Aurora, y sus celos,
que un caballero bizarro,
discreto, dulce y tan digno
de ser querido, a una estado
ha reducido tan triste!

Federico

No es Aurora; que es engaño.

Casandra

Pues, ¿quién es?

Federico

El mismo Sol;
que de esas auroras hallo
muchas siempre que amanece.

Casandra

¿Que no es Aurora?

Federico

Más alto
vuela el pensamiento mío.

Casandra

¿Mujer te ha visto y hablado,
y tú le has dicho tu amor,
que puede con pecho ingrato

correspondert? ¿No miras
que son efectos contrarios,
y proceder de una causa
parece imposible?

Federico — Cuando
supieras tú el imposible,
dijeras que soy de mármol,
pues no me matan mis penas,
o que vivo de milagro.
¿Qué Faetonte se atrevió
del Sol al dorado carro,
aquél que juntó con cera,
débiles plumas infausto,
que sembradas por los vientos,
pájaros que van volando
las creyó el mar, hasta verlas
en sus cristales salados?
¿Qué Belerofonte vio
en el caballo Pegaso
parecer el mundo un punto
del círculo de los astros?
¿Qué griego Sinón metió
aquel caballo preñado
de armado hombres en Troya,
fatal de su incendio parto?
¿Qué Jasón tentó primero
pasar el mar temerario,
poniendo yugo a su cuello
los pinos y lienzos de Argos,
que se iguale a mi locura?

Casandra — ¿Estás, conde, enamorado
de alguna imagen de bronce,

ninfa o diosa de alabastro?
Las almas de las mujeres
no las viste jaspe helado;
ligera cortina cubre
todo pensamiento humano.
Jamás Amor llamó al pecho,
siendo con méritos tantos,
que no respondiese el alma:
«Aquí estoy; pero entrad paso.»
Dile tu amor, sea quien quiere;
que no sin causa pintaron
a Venus tal vez los griegos
rendida a un sátiro y fauno.
Más alta será la Luna,
y de su cerco argentado
bajó por Endimión
mil veces al monte Latmo.
Toma mi consejo, conde;
que el edificio más casto
tiene la puerta de cera.
Habla, y no mueras callando.

Federico

El cazador con industria
pone al pelícano indiano
fuego alrededor del nido;
y él, descendiendo de un árbol,
para librar a sus hijos
bate las alas turbado,
con que más enciende el fuego
que piensa que está matando.
Finalmente se le queman,
y sin alas, en el campo
se deja coger, no viendo
que era imposible volando.

Mis pensamientos, que son
hijos de mi amor, que guardo
en el nido del silencio,
se están, señora, abrasando.
Bate las alas amor,
y enciéndelos por librarlos.
Crece el fuego, y él se quema.
Tú me engañas, yo me abraso;
tú me incitas, yo me pierdo;
tú me animas, yo me espanto;
tú me esfuerzas, yo me turbo;
tú me libras, yo me enlazo;
tú me llevas, yo me quedo;
tú me enseñas, yo me atajo;
porque es tanto mi peligro,
que juzgo por menos daños,
pues todos ha de ser morir,
morir sufriendo y callando.

(Vase Federico.)

Casandra

No ha hecho en la tierra el cielo
cosa de más confusión
que fue la imaginación
para el humano desvelo.
Ella vuelve el fuego en hielo,
y en el color se transforma
del deseo, donde forma
guerra, paz, tormenta y calma;
y es una manera de alma
que más engaña que informa.

Estos oscuros intentos,
estas clara confusiones,
más que me han dicho razones,

me han dejado pensamientos.
¿Qué tempestades los vientos
mueven de más variedades
que estas confusas verdades
en una imaginación?
Porque las del alma son
las mayores tempestades.
Cuando a imaginar me inclino
que soy lo que quiere el conde,
el mismo engaño responde
que lo imposible imagino.
Luego mi fatal destino
me ofrece mi casamiento,
y en lo que siento, consiento;
que no hay tan grande imposible
que no le juzguen visible
los ojos del pensamiento.
Tantas cosas se me ofrecen
juntas, como esto ha caído
sobre un bárbaro marido,
que pienso que me enloquecen.
Los imposibles parecen
fáciles, y yo, engañada,
ya pienso que estoy vengada;
mas siendo error tan injusto,
a la sombra de mi gusto
estoy mirando su espada.
Las partes del conde son
grandes; pero mayor fuera
mi desatino, si diera
puerta a tan loca pasión.
No más, necia confusión.
Salid, cielo, a la defensa
aunque no yerra quien piensa;

porque en el mundo no hubiera
hombre con honra si fuera
ofensa pensar la ofensa.
Hasta agora no han errado
ni mi honor ni mi sentido,
porque lo que he consentido,
ha sido un error pintado.
Consentir lo imaginado,
para con Dios es error,
mas no para el deshonor;
que diferencian intentos
el ver Dios los pensamientos
y no los ver el honor.

(Sale Aurora.)

Aurora
Larga plática ha tenido
vuestra alteza con el conde.
¿Qué responde?

Casandra
Que responde
a tu amor agradecido.
Sosiega, Aurora, sus celos;
que esto pretende, no más.

(Vase Casandra.)

Aurora
¡Qué tibio consuelo das
a mis ardientes celos!
¡Que pueda tanto en un hombre
que adoró mis pensamientos,
ver burlados los intentos
de aquel ambicioso nombre
con que heredaba a Ferrara!

Tú eres poderoso, Amor.
Por ti ni en vida, ni honor,
ni aun en alma se repara.
  Y Federico se muere
que me solía querer,
con la tristeza de ver
lo que de Casandra infiere.
  Pero, pues él ha fingido
celos por disimular
la ocasión, y despertar
suelen el amor dormido,
  quiero dárselos de veras,
favoreciendo al marqués.

(Salen Rutilio y el Marqués.)

Rutilio

Con el contrario que ves,
en vano remedio esperas
  de tus locas esperanzas.

Marqués

Calla, Rutilio, que aquí
está Aurora.

Rutilio

Y tú sin ti,
firme entre tantas mudanzas.

Marqués

  Aurora del claro día
en que te dieron mis ojos,
con toda el alma en despojos,
la libertad que tenía;
Aurora, que el Sol envía
cuando en mi pena anochece,
por quien ya cuanto florece
viste colores hermosas,

pues entre perlas y rosas
de tus labios amanece;
  Desde que de Mantua vine,
hice con poca ventura
elección de tu hermosura,
que no hay alma que no incline.
¡Qué mal mi engaño previne,
puesto que el alma te adora,
pues solo sirve, señora,
de que te canses de mí,
hallando mi noche en ti,
cuando te suspiro Aurora!
  No el verte desdicha ha sido;
que ver luz nunca lo fue,
sino que mi amor te dé
causa para tanto olvido.
Mi partida he prevenido,
que es el remedio mejor:
fugitivo a tu rigor,
voy a buscar resistencia
en los milagros de ausencia
y en las venganzas de amor.
  Dame licencia y la mano.

Aurora

No se morirá de triste
el que tan poco resiste,
ni galán ni cortesano,
  marqués, el primer desdén;
que no están hechos favores
para primeros amores
antes que se quiera bien.
  Poco amáis, poco sufrís,
pero en tal desigualdad,
con la misma libertad

que licencia me pedís,
os mando que no os partáis.

Marqués

Señora, a tan gran favor,
aunque parece rigor,
con que esperar me mandáis,
no los diez años que a Troya
cercó el griego, ni los siete
del pastor, a quien promete
Labán su divina joya,
pero siglos inmortales,
como Tántalo estaré
entre la duda y la fe
de vuestros bienes y males.
Albricias quiero pedir
a mi amor de mi esperanza.

Aurora

Mientras el bien no se alcanza
méritos tiene el sufrir.

(Salen el Duque, Federico y Batín.)

Duque

Escríbeme el Pontífice por ésta
que luego a Roma parta.

Federico

¿Y no dice la causa en esa carta?

Duque

Que sea la respuesta,
conde, partirme al punto.

Federico

Si lo encubres, señor, no lo pregunto.

Duque

¿Cuándo te encubro yo, conde, mi pecho?
Solo puedo decirte que sospecho

que con las guerras que en Italia tiene,
si numeroso ejército previene,
podemos presumir que hacerme intenta
general de la Iglesia; que a mi cuenta
también querrá que con dinero ayude,
si no es que en la elección de intento mude.

Federico — No en vano lo que piensas me encubrías,
si solo te partías;
que ya será conmigo; que a tu lado
no pienso que tendrás mejor soldado.

Duque — Eso no podrá ser porque no es justo,
conde, que sin los dos mi casa quede.
Ninguno como tú regirla puede.
Esto es razón y basta ser mi gusto.

Federico — No quiero darte, gran señor, disgusto;
pero en Italia, ¿qué dirán si quedo?

Duque — Que esto es gobierno, y que sufrir no puedo
aun de mi propio hijo compañía.

Federico — Notable prueba en la obediencia mía.

(Vase el Duque.)

Batín — Mientras con el duque hablaste
he reparado en que Aurora,
sin hacer caso de ti,
con el marqués habla a solas.

Federico — ¿Con el marqués?

Batín Sí, señor.

Federico ¿Y qué piensas tú que importa?

(Aurora, aparte con el Marqués y Rutilio.)

Aurora Esta banda prenda sea
del primer favor.

Marqués Señora,
será cadena en mi cuello,
será de mi mano esposa,
para no darla en mi vida.
Si queréis que me la ponga,
será doblado el favor.

Aurora (Aparte.) (Aunque es venganza amorosa
parece a mi amor agravio.)
Porque de dueño mejora
os ruego que os la pongáis.

Batín Ser las mujeres traidoras
fue de la naturaleza
invención maravillosa;
porque, si no fueran falsas,
algunas digo, no todas,
idolatraran en ellas
los hombres que las adoran.
¿No ves la banda?

Federico ¿Qué banda?

Batín ¿Qué banda? ¡Graciosa cosa!
Una que lo fue del Sol,

cuando lo fue de una sola
en la gracia y la hermosura,
planetas con que se adorna,
y agora, como en eclipse,
del dragón lo extremo toca.
Yo me acuerdo cuando fuera
la banda de la discordia,
como la manzana de oro
de Paris y las tres diosas.

Federico — Eso fue entonces, Batín,
pero es otro tiempo agora.

Aurora — Venid al jardín conmigo.

(Vanse Aurora, el Marqués y Rutilio.)

Batín — ¡Con qué libertad la toma
de la mano y se van juntos!

Federico — ¿Qué quieres, si se conforman
las almas?

Batín — ¿Eso respondes?

Federico — ¿Qué quieres que te responda?

Batín — Si un cisne no sufre al lado
otro cisne y se remonta
con su prenda muchas veces
a las extranjeras ondas;
y un gallo, si al de otra casa
con sus gallinas le topa,
con el suyo le deshace

los picos de la corona;
y encrespando su turbante,
turco por la barba roja,
celoso vencerle intenta
hasta en la nocturna solfa;
¿cómo sufres que el marqués
a quitarte se disponga
prenda que tanto quisiste?

Federico — Porque la venganza propia
para castigar las damas,
que a los hombres ocasionan,
es dejarlas con su gusto;
porque aventura la honra
quien la pone en sus mudanzas.

Batín — Dame, por Dios, una copia
de ese arancel de galanes,
tomaréle de memoria.
No, conde. Misterio tiene
tu sufrimiento, perdona;
que pensamientos de amor
son arcaduces de noria:
ya deja el agua primera
el que la segunda toma.
Por nuevo cuidado dejas
el de Aurora; que si sobra
el agua, ¿cómo es posible
que pueda ocuparse de otra?

Federico — Bachiller estás, Batín,
pues con fuerza cautelosa
lo que no entiendo de mí
a presumir te provocas.

Entra, y mira qué hace el duque,
y de partida te informa
porque vaya acompañarle.

Batín

Sin causa necio me nombras,
porque abonar tus tristezas
fuera más necia lisonja.

(Vase Batín.)

Federico

¿Qué buscas, imposible pensamiento?
Bárbaro, ¿qué me quieres? ¡Qué me incitas?
¿Por qué la vida sin razón me quitas,
donde volando aun no te quiere el viento?
Detén el vagaroso movimiento;
que la muerte de entrambos solicitas.
Déjame descansar, y no permitas
tan triste fin a tan glorioso intento.
No hay pensamiento, si rindió despojos,
que sin determinado fin se aumente,
pues dándole esperanzas, sufre enojos.
Todo es posible a quien amando intente;
y solo tú naciste de mis ojos,
para ser imposible eternamente.

(Sale Casandra.)

Casandra

Entre agravios y venganzas
anda solícito Amor
después de tantas mudanzas,
sembrando contra mi honor
mal nacidas esperanzas.
En cosas inaccesibles
quiere poner fundamentos,

como si fuesen visibles;
que no puede haber contentos
fundado en imposibles.
En el ánimo que inclino
al mal, por tantos disgustos
del duque, loca imagino
hallar venganzas y gustos
en el mayor desatino.
Al galán conde y discreto,
y su hijo, ya permito
para mi venganza efeto,
pues para tanto delito
conviene tanto secreto.
Vile turbado, llegando
a decir su pensamiento,
y desmayarse temblando,
aunque es más atrevimiento
hablar un hombre callando.
Pues de aquella turbación
tanto el alma satisfice
dándome el duque ocasión,
que hay dentro de mí quien dice
que si es amor, no es traición.
Y que cuando ser pudiera
rendirme desesperada
a tanto valor, no fuera
la postrera enamorada,
ni la traidora primera.
A sus padres han querido
sus hijas, y a sus hermanos
algunas. Luego no han sido
mis sucesos inhumanos,
ni mi propia sangre olvido.
Pero no es disculpa igual

que haya otros males, de quien
me valga en peligro tal;
que para pecar no es bien
tomar ejemplo del mal.
   Éste es el conde. ¡Ay de mí!
Pero ya determinada,
¿qué temo?

Federico
                    Ya viene aquí
desnuda la dulce espada
por quien la vida perdí.
   ¡Oh, hermosura celestial!

Casandra
¿Cómo te va de tristeza
Federico?

Federico
                    En tanto mal,
responderé a vuestra alteza
que es mi tristeza inmortal.

Casandra
   Destemplan melancolías
la salud. Enfermo estás.

Federico
Traigo unas necias porfías,
sin que pueda decir más,
señora, de que son mías.

Casandra
   Si es cosa que yo la puedo
remediar, fía de mí,
que en amor tu amor excedo.

Federico
Mucho fiara de ti,
pero no me deja el miedo.

Casandra Dijísteme que era amor
tu mal.

Federico Mi pena y mi gloria
nacieron de su rigor.

Casandra Pues oye una antigua historia;
que el amor quiere valor:
Antíoco, enamorado
de su madrastra, enfermó
de tristeza y de cuidado.

Federico Bien hizo si se murió;
que yo soy más desdichado.

Casandra El rey su padre, afligido,
cuantos médicos tenía
juntó, y fue tiempo perdido;
que la causa no sufría
que fuese amor conocido.
Mas Eróstrato, más sabio
que Hipócrates y Galeno,
conoció luego su agravio;
pero que estaba el veneno
entre el corazón y el labio.
Tomóle el pulso y mandó
que cuantas damas había
en palacio entrasen.

Federico Yo
presumo, señora mía,
que algún espíritu habló.

Casandra Cuando su madrastra entraba,

conoció en la alteración
del pulso, que ella causaba
su mal.

Federico — ¡Extraña invención!

Casandra — Tal en el mundo se alaba.

Federico — ¿Y tuvo remedio así?

Casandra — No niegues, conde, que yo
he visto lo mismo en ti.

Federico — Pues, ¿enojaráste?

Casandra — No.

Federico — ¿Y tendrás lástima?

Casandra — Sí.

Federico — Pues, señora, yo he llegado
perdido a Dios el temor
y al duque, a tan triste estado,
que éste mi imposible amor
me tiene desesperado.
En fin, señora, me veo
sin mí, sin vos, y sin Dios.
Sin Dios, por lo que os deseo;
sin mí, porque estoy sin vos;
sin vos, porque no os poseo.
Y por si no lo entendéis,
haré sobre estas razones
un discurso, en que podréis

conocer de mis pasiones
la cúlpa que vos tenéis.
  Aunque dicen que el no ser
es, señora, el mayor mal,
tal por vos me vengo a ver,
que para no verme tal,
quisiera dejar de ser.
  En tantos males me empleo,
después que mi ser perdí,
que aunque no verme deseo,
para ver si soy quien fui,
en fin, señora, me veo.
  A decir que soy quien soy,
tal estoy, que no me atrevo,
y por tales pasos voy,
que aun no me acuerdo que debo
a Dios la vida que os doy.
  Culpa tenemos los dos,
del no ser que soy agora,
pues olvidado por vos
de mí mismo, estoy, señora,
sin mí, sin vos y sin Dios.
  Sin mí no es mucho, pues ya
no hay vida sin vos, que pida
al mismo que me la da;
pero sin Dios, con ser vida,
¿quién si no mi amor está?
  Si en desearos me empleo,
y él manda no desear
la hermosura que en vos veo,
claro está que vengo a estar
sin Dios, por lo que os deseo.
  ¡Oh, qué loco barbarismo
es presumir conservar

la vida en tan ciego abismo
hombre que no puede estar
ni en vos, ni en Dios, ni en sí mismo.
¿Qué habemos de hacer los dos,
pues a Dios por vos perdí,
después que os tengo por dios,
sin Dios, porque estáis en mí,
sin mí, porque estoy sin vos?
Por haceros solo bien,
mil males vengo a sufrir;
yo tengo amor, vos desdén,
tanto, que puedo decir:
¡mirad con quién y sin quién!
Sin vos y sin mí peleo
con tanta desconfianza.
Sin mí porque en vos ya veo
imposible mi esperanza;
sin vos, porque no os poseo

Casandra

Conde, cuando yo imagino
a Dios y al duque, confieso
que tiemblo, porque adivino
juntos para tanto exceso
poder humano y divino.
Pero viendo que el amor
halló en el mundo disculpa,
hallo mi culpa menor,
porque hace menor la culpa
ser la disculpa mayor.
Muchas ejemplo me dieron,
que a errar se determinaron;
porque los que errar quisieron
siempre miran los que erraron,
no los que se arrepintieron.

Si remedio puede haber,
es huir de ver y hablar;
porque con no hablar ni ver,
o el vivir se ha de acabar,
o el amor se ha de vencer.
Huye de mí; que de ti
yo no sé si huir podré,
o me mataré por ti.

Federico

Yo, señora moriré;
que es lo más que haré por mí.
No quiero vida. Ya soy
cuerpo sin alma, y de suerte
a buscar mi muerte voy,
que aun no pienso hallar mi muerte,
por el placer que me doy.
Sola una mano suplico
que me des; dame el veneno
que me ha muerto.

Casandra

Federico,
todo principio condeno,
si pólvora al fuego aplico.
Vete con Dios.

Federico

¡Qué traición!

Casandra

Ya determinada estuve;
pero advertir es razón
que por una mano sube
el veneno al corazón.

Federico

Sirena, Casandra, fuiste.
Cantaste para meterme

en el mar, donde me diste
la muerte.

Casandra Yo he de perderme.
Tente, honor. Fama, resiste.

Federico Apenas a andar acierto.

Casandra Alma y sentidos perdí.

Federico ¡Oh, qué extraño desconcierto!

Casandra Yo voy muriendo por ti.

Federico Yo no, porque ya voy muerto.

Casandra Conde, tú serás mi muerte.

Federico Y yo aunque muerto, estoy tal,
que me alegro, con perderte,
que sea el alma inmortal,
por no dejar de quererte.

(Vanse los dos.)

Fin de la segunda jornada

Jornada tercera

(Salen Aurora y el Marqués.)

Aurora — Yo te he dicho la verdad.

Marqués — No es posible persuadirme.
Mira si nos oye alguno,
y mira bien lo que dices.

Aurora — Para pedirte consejo,
quise, Marqués, descubrirte
esta maldad.

Marqués — ¿De qué suerte
ver a Casandra pudiste
con Federico?

Aurora — Esté atento.
Yo te confieso que quise
al conde, de quien lo fue,
más traidor que el griego Ulises.
Creció nuestro amor el tiempo;
mi casamiento previne,
cuando fueron por Casandra
en fe de palabras firmes,
si lo son las de los hombres,
cuando sus iguales sirven.
Fue Federico por ella,
de donde vino tan triste,
que en proponiéndole el duque
lo que de los dos le dije,
se disculpó con tus celos.
Y como el Amor permite,

que, cuando camina poco,
fingidos celos le piquen,
díselos contigo, Carlos;
pero el mismo efecto hice
que en un diamante; que celos
donde no hay amor, no imprimen.
Pues viéndome despreciada
y a Federico tan libre,
di en inquirir la ocasión;
y como celos son linces
que las paredes penetran,
a saber la causa vine.
En correspondencia tiene,
sirviéndole de tapices
retratos, vidrios y espejos,
dos iguales camarines
el tocador de Casandra;
y como sospechas pisen
tan quedo, dos cuadras antes
miré y vi, ¡caso terrible!
en el cristal de un espejo
que el conde las rosas mide
de Casandra con los labios.
Con esto, y sin alma, fuime,
donde lloré mi desdicha
y la de los dos; que viven,
ausente el duque, tan ciegos,
que parece que compiten
en el amor y el desprecio,
y gustan que se publique
el mayor atrevimiento
que pasara entre gentiles,
o entre los desnudos cafres
que lobos marinos visten.

Parecióme que el espejo
que los abrazos repite,
por no ver tan gran fealdad
oscureció los alindes;
pero, más curioso Amor,
la infame empresa prosigue,
donde no ha quedado agravio
de que no me certifique.
El duque dicen que viene
victorioso, y que le ciñen
sacros laureles la frente
por las hazañas felices
con que del Pastor de Roma
los enemigos reprime.
Dime. ¿Qué tengo de hacer
en tanto mal? Que me afligen
sospechas de mayor daño,
si es verdad que me dijiste
tantos amores con alma;
aunque soy tan infelice,
que parecerás al conde
en engañarme o en irte.

Marqués

Aurora, la muerte sola
es sin remedio, invencible,
y aun a muchos hace el tiempo
en el túmulo fenixes;
porque dicen que no mueren
los que por su fama viven.
Dile que te case al duque;
que, como el sí me confirmes,
con irnos los dos a Mantua,
no hayas miedo que peligres.
Que si se arroja en el mar,

con el dolor insufrible
de los hijos que le quitan
los cazadores, el tigre,
cuando no puede alcanzarlos,
¿qué hará el ferrarés Aquiles
por el honor y la fama?
¿Cómo quieres que se limpie
tan fea mancha sin sangre,
para que jamás se olvide,
si no es que primero el cielo
sus libertades castigue,
y por gigantes de infamia
con vivos rayos fulmine?
Este consejo te doy.

Aurora — Y de tu mano le admite
mi turbado pensamiento.

Marqués — Será de la nueva Circe
el espejo de Medusa,
el cristal en que la viste.

(Salen Federico y Batín.)

Federico — ¿Que no ha querido esperar
que salgan a recibirle?

Batín — Apenas de Mantua vio
los deseados confines,
cuando dejando la gente,
y aun sin querer que te avisen,
tomó caballos y parte.
Tan mal el amor resiste,
y los deseos de verte;

que aunque es justo que le obligue
la duquesa, no hay amor
a quien el tuyo no prive.
Eres el Sol de sus ojos,
y cuatro meses de eclipse
le han tenido sin paciencia.
Tú, conde, el triunfo apercibe
para cuando todos vengan;
que las escuadras que rige
han de entrar con mil trofeos,
llenos de dorados timbres.

Federico — Aurora, ¿siempre a mis ojos
con el Marqués?

Aurora — ¡Qué donaire!

Federico — ¿Con ese tibio desaire
responde a mis enojos?

Aurora — Pues, ¿qué maravilla ha sido
el darte el marqués cuidado?
Parece que has despertado
de cuatro meses dormido.

Marqués — Yo, señor conde, no sé
ni he sabido que sentís
lo que agora me decís;
que a Aurora he servido en fe
de no haber competidor,
y más como vos lo fuera,
a quien humilde rindiera
cuanto no fuera mi amor.
Bien sabéis que nunca os vi

servirla; mas siendo gusto
vuestro que la deje es justo,
que mucho mejor que en mí
  se emplea en vos su valor.

(Vase el Marqués.)

Aurora ¿Qué es esto que has intentado?
O, ¿qué frenesí te ha dado
sin pensamiento de amor?
  ¿Cuántas veces al marqués
hablando conmigo viste,
desde que diste en ser triste,
y mucho tiempo después?
  Y aun no volviste a mirarme,
cuanto más a divertirme.
¿Agora celoso y firme,
cuando pretendo casarme?
  Conde, ya estás entendido.
Déjame casar, y advierte
que antes me daré la muerte,
que ayudar lo que has fingido.
  Vuélvete, conde, a estar triste,
vuelve a tu suspensa calma;
que tengo muy en el alma
los desprecios que me hiciste.
  Ya no me acuerdo de ti.
¿Invenciones? Dios me guarde.
Por tu vida, que es muy tarde
para valerte de mí.

(Vase Aurora.)

Batín ¿Qué has hecho?

Federico No sé, por Dios.

Batín Al emperador Tiberio
pareces, si no hay misterio
en dividir a los dos.
Hizo matar su mujer,
y habiéndose ejecutado,
mandó, a la mesa sentado,
llamarla para comer.
Y Mesala fue un romano
que se le olvidó su nombre.

Federico Yo me olvido de ser hombre.

Batín O eres como aquel villano
que dijo a su labradora,
después que de estar casados
eran dos años pasados:
«¡Ojinegra es la señora!»

Federico ¡Ay, Batín, que estoy turbado
y olvidado desatino!

Batín Eres como el vizcaíno
que dejó el macho enfrenado,
y viendo que no comía,
regalándole las crines,
un Galeno de rocines
trajo a ver lo que tenía;
el cual, viéndole con freno,
fuera al vizcaíno echó;
quitóle, y cuando volvió,
de todo el pesebre lleno

apenas un grano había,
porque con gentil despacho,
después de la paja el macho
hasta el pesebre comía.
«Albéitar, juras a Dios
—dijo— es mejor que dotora,
y yo y macho desde agora
queremos curar con vos.»
¿Qué freno es éste que tienes,
que no te deja comer,
si médico puedo ser?
¿Qué aguardas? ¿Qué te detienes?

Federico — ¡Ay, Batín, no sé de mí!

Batín — Pues estése la cebada
queda, y no me digas nada.

(Salen Casandra y Lucrecia.)

Casandra — ¿Ya viene?

Lucrecia — Señora, sí.

Casandra — ¿Tan brevemente?

Lucrecia — Por verte
toda la gente dejó.

Casandra — No lo creas; pero yo
más quisiera ver mi muerte.
En fin, señor conde, ¿viene
el duque mi señor?

Federico		Ya
dicen que muy cerca está;
bien muestra el amor que os tiene.

Casandra	Muriendo estoy de pesar
de que ya no podré verte
como solía.

Federico	¿Qué muerte
pudo mi amor esperar,
como su cierta venida?

Casandra	Yo pierdo, conde, el sentido.

Federico	Yo no, porque le he perdido.

Casandra	Sin alma estoy.

Federico	Yo sin vida.

Casandra	¿Qué habemos de hacer?

Federico	Morir.

Casandra	¿No hay otro remedio?

Federico	No;
porque en perdiéndote yo,
¿para qué quiero vivir?

Casandra	¿Por eso me has de perder?

Federico	Quiero fingir desde agora
que sirvo y que quiero a Aurora

y aun pedirla por mujer
al duque, para desvelos
de él y de palacio, en quien
yo sé que no se habla bien.

Casandra
¡Agravios! ¿No bastan celos?
¿Casarte? ¿Estás, conde, en ti?

Federico
El peligro de los dos
me obliga.

Casandra
¿Qué? ¡Vive Dios!,
que si te burlas de mí,
después que has sido ocasión
de esta desdicha, que a voces
diga —¡oh, qué mal me conoces!—
tu maldad y mi traición.

Federico
¡Señora!

Casandra
No hay qué tratar.

Federico
¡Que te oirán!

Casandra
Que no me impidas.
Quíteme el duque mil vidas,
pero no te has de casar.

(Salen Floro, Febo, Ricardo, Albano, Lucindo, y el Duque detrás, galán, de soldado.)

Ricardo
Ya estaban disponiendo recibirte.

Duque
Mejor sabe mi amor adelantarse.

Casandra ¿Es posible, señor, que persuadirte
pudiste a tal agravio?

Federico ¿Y de agraviarse
quejosa mi señora la duquesa,
parece que mi amor puede culparse?

Duque Hijo, el paterno amor, que nunca cesa
de amar su propia sangre y semejanza,
para venir facilitó la empresa;
que ni cansancio ni trabajo alcanza
a quien de ver a sus queridas prendas
mal hiciera en sufrir larga esperanza.
Y tú, señora, así es razón que entiendas
el mismo amor, y en igualarte al conde
por encarecimiento, no te ofendas.

Casandra Tu sangre y su virtud, señor, responde
que merece el favor. Yo le agradezco,
pues tu valor al suyo corresponde.

Duque Bien sé que a entrambos ese amor merezco,
y que estoy de los dos tan obligado,
cuanto mostrar en la ocasión me ofrezco.
Que Federico gobernó mi estado
en mi ausencia, he sabido, tan discreto,
que vasallo ninguno se ha quejado.
En medio de las armas, os prometo
que imaginaba yo con la prudencia
que se mostraba senador perfeto.
¡Gracias a Dios, que con infame ausencia
los enemigos del Pastor romano
respetan en mi espada su presencia!

Ceñido de laurel besé su mano,
después que me miró Roma triunfante,
como si fuera el español Trajano.
Y así, pienso trocar de aquí adelante
la inquietud en virtud, porque mi nombre
como le aplaude aquí, después le cante,
que cuando llega a tal estado un hombre,
no es bien que ya que de valor mejora,
el vicio más que la virtud le nombre.

Ricardo — Aquí vienen, señor, Carlos y Aurora.

(Entren Aurora y el Marqués.)

Aurora — Tan bien venido vuestra alteza sea,
como le está esperando quien le adora.

Marqués — Dad las manos a Carlos, que desea
que conozcáis su amor.

Duque — Paguen los brazos
deudas del alma, en quien tan bien se emplea.
Aunque siente el amor los largos plazos,
todo lo goza el venturoso día
que llega a merecer tan dulces lazos.
Con esto, amadas prendas, yo querría
descansar del camino, y porque es tarde,
después celebraréis tanta alegría.

Federico — Un siglo el cielo, gran señor, te guarde.

(Todos se van con el Duque, y quedan Batín y Ricardo.)

Batín — ¡Ricardo amigo!

Ricardo — ¡Batín!

Batín — ¿Cómo fue por esas guerras?

Ricardo — Como quiso la justicia,
siendo el cielo su defensa.
Llana queda Lombardía,
y los enemigos quedan
puesto en fuga afrentosa,
porque el león de la Iglesia
pudo con solo un bramido
dar con sus armas en tierra.
El duque ha ganado un nombre
que por toda Italia suena;
que si mil mató Saúl,
cantan por él las doncellas,
que David mató cien mil;
con que ha sido tal la enmienda,
que traemos otro duque.
Ya no hay damas, ya no hay cenas,
ya no hay broqueles, ni espadas,
ya solamente se acuerda
de Casandra, ni hay amor
más que el conde y la duquesa.
El duque es un santo ya.

Batín — ¿Qué me dices? ¿Qué me cuentas?

Ricardo — Que, como otros con las dichas
dan en vicios, y en soberbias,
tienen a todos en poco
tan inmortales se sueñan,
el duque se ha vuelto humilde,

y parece que desprecia
los laureles de su triunfo;
que el aire de las banderas
no le ha dado vanagloria.

Batín

¡Plega al cielo que no sea,
después de estas humildades,
como aquel hombre de Atenas,
que pidió a Venus le hiciese
mujer, con ruegos y ofrendas,
una gata dominica,
quiero decir, blanca y negra!
Estando en su estrado un día
con moño y naguas de tela,
vio pasar un animal
de aquestos, como poetas,
que andan royendo papeles;
y dando un salto ligera
de la tarima al ratón,
mostró que en naturaleza
la que es gata, será gata,
la que es perra, será perra,
in secula seculorum.

Ricardo

No hayas miedo tú que vuelva
el duque a sus mocedades;
y más si a los hijos llega,
que con las manillas blandas
las barbas más graves peinan
de los más fieros leones.

Batín

Yo me holgaré de que sea
verdad.

Ricardo Pues, Batín, adiós.

Batín ¿Dónde vas?

Ricardo Fabia me espera.

(Vase Ricardo y entre el Duque con algunos memoriales.)

Duque ¿Está algún criado aquí?

Batín Aquí tiene vuestra alteza
el más humilde.

Duque ¡Batín!

Batín Dios te guarde. Bueno llegas.
Dame la mano.

Duque ¿Qué hacías?

Batín Estaba escuchando nuevas
de tu valor a Ricardo,
que, gran coronista de ellas,
Héctor de Italia te hacía.

Duque ¿Cómo ha pasado en mi ausencia
el gobierno con el conde?

Batín Cierto, señor, que pudiera
decir que igualó en la paz
tus hazañas en la guerra.

Duque ¿Llevóse bien con Casandra?

Batín

No se ha visto, que yo sepa,
tan pacífica madrastra
con su alnado. Es muy discreta
y muy virtuosa y santa.

Duque

No hay cosa que la agradezca
como estar bien con el conde;
que, como el conde es la prenda
que más quiero, y más estimo
y conocí su tristeza
cuando a la guerra partí,
notablemente me alegra
que Casandra se portase
con él con tanta prudencia,
que estén en paz y amistad,
que es la cosa que desea
mi alma con más afecto
de cuantas pedir pudiera
al cielo; y así, en mi casa
hoy dos victorias se cuentan:
la que de la guerra traigo,
y la de Casandra bella,
conquistando a Federico.
Yo pienso de hoy más quererla
sola en el mundo, obligado
de esta discreta fineza
y cansado juntamente
de mis mocedades necias.

Batín

Milagro ha sido del Papa
llevar, señor, a la guerra
al duque Luis de Ferrara.
y que un ermitaño vuelva.
Por Dios, que puedes fundar

otra Camáldula.

Duque Sepan
mis vasallos que otro soy.

Batín Mas, dígame vuestra alteza,
¿cómo descansó tan poco?

Duque Porque al subir la escalera
de palacio, algunos hombres
que aguardaban mi presencia,
me dieron estos papeles;
y temiendo que son quejas,
quise descansar en verlos,
y no descansar con ellas.
Vete, y déjame aquí solo;
que deben los que gobiernan
esta atención a su oficio.

Batín El cielo que remunera
el cuidado de quien mira
el bien público, prevenga
laureles a tus victorias,
siglos a tu fama eterna.

(Vase Batín.)

Duque Éste dice: «Señor, yo soy Estacio,
que estoy en los jardines de palacio,
y, enseñado a plantar hierbas y flores,
planté seis hijos. A los dos mayores
suplico que les deis...». Basta, ya entiendo.
Con más cuidado ya premiar pretendo
[al que con tales trabajos me ayuda].

«Lucinda dice que quedó viuda
del capitán Arnaldo...» También pide.
«Albano, que ha seis años que reside...»
Éste pide también. «Julio Camilo,
preso porque sacó...» Del mismo estilo.
«Paula de San Germán, doncella honrada...»
Pues si es honrada, no le falta nada,
si no quiere que yo le dé marido.
Éste viene cerrado, y mal vestido
un hombre me lo dio, todo turbado,
que quise detenerle con cuidado.

«Señor, mirad por vuestra casa atento;
que el conde y la duquesa en vuestra ausencia...»
No me ha sido traidor el pensamiento.
Habrán regido mal, tendré paciencia.
«...Ofenden con infame atrevimiento
vuestra cama y honor.» ¿Qué resistencia
harán a tal desdicha mis enojos?
«Si sois discreto, os lo dirán los ojos.»

¿Qué es esto que estoy mirando?
Letras, ¿decís esto o no?
¿Sabéis que soy padre yo
de quien me estáis informando
que el honor me está quitando?
Mentís; que no puede ser.
¿Casandra me ha de ofender?
¿No veis que es mi hijo el conde?
Pero ya el papel responde
que es hombre y ella mujer.
¡Oh, fieras letras villanas!
Pero diréisme que sepa
que no hay maldad que no quepa

en las flaquezas humanas.
De las iras soberanas
debe de ser permisión.
Ésta fue la maldición
que a David le dio Natán.
La misma pena me dan,
y es Federico Absalón.

Pero mayor viene a ser,
cielo, si así me castigas;
que aquéllas eran amigas,
y Casandra es mi mujer.
El vicioso proceder
de las mocedades mías
trajo el castigo, y los días
de mi tormento, aunque fue
sin gozar a Bersabé
ni quitar la vida a Urías.

¡Oh, traidor hijo! ¿Si ha sido
verdad? Porque yo no creo
que emprenda caso tan feo
hombre de otro hombre nacido.
Pero si me has ofendido,
¡oh, si el cielo me otorgara,
que, después que te matara,
de nuevo a hacerte volviera,
pues tantas muertes te diera,
cuantas veces te engendrara!

¡Qué deslealtad! ¡Qué violencia!
¡Oh, ausencia, qué bien se dijo
que aun un padre de su hijo
no tiene segura ausencia!
¿Cómo sabré con prudencia
verdad que no me difame
con los testigos que llame?

No así la podré saber;
porque, ¿quién ha de querer
decir verdad tan infame?
 Mas, ¿de qué sirve informarme?.
pues esto no se dijera
de un hijo, cuando no fuera
verdad que pudo infamarme.
Castigarle no es vengarme,
ni se venga el que castiga,
ni esto a información me obliga;
que mal que el honor estraga,
no es menester que se haga,
porque basta que se diga.

(Sale Federico.)

Federico — Sabiendo que no descansas,
vengo a verte.

Duque — Dios te guarde.

Federico — Y a pedirte una merced.

Duque — Antes que la pidas, sabes
que mi amor te la concede.

Federico — Señor, cuando me mandaste
que con Aurora, mi prima,
por tu gusto me casase,
lo fuera notable mío;
pero fueron más notables
los celos de Carlos, y ellos
entonces causa bastante
para no darte obediencia.

Mas después que te ausentaste,
supe que mi grande amor
hizo que ilusiones tales
me trajesen divertido.
En efecto, hicimos paces,
y le prometí, señor,
en satisfacción, casarme,
como me dieses licencia,
luego que el bastón dejastes.
Ésta te pido y suplico.

Duque — No pudieras, conde, darme
mayor gusto. Vete agora,
porque trate con tu madre,
pues es justo darle cuenta;
que no es razón que te cases
sin que lo sepa, y le pidas
licencia, como a tu padre.

Federico — No siendo su sangre yo,
¿para qué quiere dar parte
vuestra alteza a mi señora?

Duque — ¿Qué importa no ser su sangre,
siendo tu madre Casandra?

Federico — Mi madre Laurencia yace
muchos años ha difunta.

Duque — ¿Sientes que madre la llame?
Pues dícenme que en mi ausencia,
de que tengo gusto grande,
estuvisteis muy conformes.

Federico
Eso, señor, Dios lo sabe;
que prometo a vuestra alteza,
aunque no acierto en quejarme,
pues la adora, y es razón,
que aunque es para todos ángel,
que no lo ha sido conmigo.

Duque
Pésame de que me engañes;
que me dicen que no hay cosa
que más Casandra regale.

Federico
A veces me favorece,
y a veces quiere mostrarme
que no es posible ser hijos
los que otras mujeres paren.

Duque
Dices bien, y yo lo creo;
y ella pudiera obligarme
más que en quererme en quererte,
pues con estas amistades
aseguraba la paz.
Vete con Dios.

Federico
Él te guarde.

(Vase Federico.)

Duque
No sé cómo he podido
mirar, conde traidor, tu infame cara.
¡Qué libre! ¡Qué fingido
con la invención de Aurora se repara.
para que yo no entienda
que puede ser posible que me ofenda!
Lo que más me asegura

es ver con el cuidado y diligencia
que a Casandra murmura
que le ha tratado mal en esta ausencia;
que piensan los delitos
que callan cuando están hablando a gritos.
  De que la llame madre
se corre, y dice bien, pues es su amiga
la mujer de su padre,
y no es justo que ya madre se diga.
Pero yo, ¿cómo creo
con tal facilidad caso tan feo?
  ¿No puede un enemigo
del conde haber tan gran traición forjado,
porque con su castigo,
sabiendo mi valor, quede vengado?
Ya de haberlo creído
si no estoy castigado, estoy corrido.

(Salen Casandra y Aurora.)

Aurora De vos espero, señora,
mi vida en esta ocasión.

Casandra Ha sido digna elección
de tu entendimiento, Aurora.

Aurora Aquí está el duque.

Casandra Señor,
¡tanto desvelo!

Duque A mi estado
debo, por lo que he faltado,
estos indicios de amor.

Si bien del conde y de vos
ha sido tan bien regido,
como muestra, agradecido
este papel, de los dos.
Todos alaban aquí
lo que los dos merecéis.

Casandra

Al conde, señor, debéis
ese cuidado, no a mí.
Que sin lisonja os prometo
que tiene heroico valor,
en toda acción superior,
gallardo como discreto.
Un retrato vuestro ha sido.

Duque

Ya sé que me ha retratado
tan igual en todo estado,
que por mí le habéis tenido;
de que os prometo, señora,
debida satisfacción.

Casandra

Una nueva petición
os traigo, señor, de Aurora.
Carlos la pide, ella quiere,
y yo os lo suplico.

Duque

Creo
que le ha ganado el deseo
quien en todo le prefiere.
El conde se va de aquí,
y me la ha pedido agora.

Casandra

¿El conde ha pedido a Aurora?

Duque — Sí, Casandra.

Casandra — ¿El conde?

Duque — Sí.

Casandra — Solo de vos lo creyera.

Duque — Y así, se la pienso dar;
mañana se han de casar.

Casandra — Será como Aurora quiera.

Aurora — Perdóneme vuestra alteza;
que el conde no será mío.

Duque (Aparte.) — (¿Qué espero más? ¿Qué porfío?)
Pues, Aurora, en gentileza
entendimiento y valor,
¿no vence al marqués?

Aurora — No sé.
Cuando quise y le rogué
él me despreció, señor.
Y agora que él quiere, es justo
que yo le desprecie a él.

Duque — Hazlo por mí, no por él.

Aurora — El casarse ha de ser gusto;
yo no le tengo del conde.

(Vase Aurora.)

Duque ¡Extraña resolución!

Casandra Aurora tiene razón,
aunque atrevida responde.

Duque No tiene, y ha de casarse,
aunque le pese.

Casandra Señor,
no uséis del poder; que amor
es gusto, y no ha de forzarse.

(Vase el Duque.) ¡Ay de mí, que se ha cansado
el traidor conde de mí!

(Sale Federico.)

Federico ¿No estaba mi padre aquí?

Casandra ¿Con qué infame desenfado,
traidor Federico, vienes,
habiendo pedido a Aurora
al duque?

Federico Paso, señora;
mira el peligro que tienes.

Casandra ¿Qué peligro, cuando estoy,
villano, fuera de mí?

Federico ¿Pues tú das voces así?

(Sale el Duque, y habla aparte.)

Duque Buscando testigos voy.

Desde aquí quiero escuchar;
que aunque mal tengo de oír,
lo que no puedo sufrir
es lo que vengo a buscar.

Federico

Oye, señor, y repara
en tu grandeza siquiera.

Casandra

¿Cuál hombre en el mundo hubiera
que cobarde me dejara,
después de haber obligado
con tantas ansias de amor
a su gusto mi valor?

Federico

Señora, aún no estoy casado.
Asegurar pretendí
al duque, y asegurar
nuestra vida, que durar
no puede, Casandra, así.
Que no es el duque algún hombre
de tan baja condición,
que a sus ojos, ni es razón,
se infame su ilustre nombre.
Basta el tiempo que tan ciegos
el amor nos ha tenido.

Casandra

¡Oh, cobarde, mal nacido!
Las lágrimas y los ruegos
hasta hacernos volver locas,
robando las honras nuestras,
que, de las traiciones vuestras,
cuerdas se libraron pocas,
¿agora son cobardías?
Pues, perro, sin alma estoy.

Duque

Si aguardo, de mármol soy.
¿Qué esperáis, desdichas mías?
Sin tormento han confesado...
pero sin tormento no;
que claro está que soy yo
a quien el tormento han dado.
No es menester más testigo.
Confesaron de una vez.
Prevenid, pues sois juez,
honra, sentencia y castigo.
Pero de tal suerte sea
que no se infame mi nombre;
que en público siempre a un hombre
queda alguna cosa fea.
Y no es bien que hombre nacido
sepa que yo estoy sin honra,
siendo enterrar la deshonra
como no haberla tenido.
Que aunque parece defensa
de la honra el desagravio,
no deja de ser agravio
cuando se sabe la ofensa.

(Vase el Duque.)

Casandra

¡Ay, desdichadas mujeres!
¡Ay, hombres falsos sin fe!

Federico

Digo, señora, que haré
todo lo que tú quisieras,
y esta palabra te doy.

Casandra

¿Será verdad?

Federico Infalible.

Casandra Pues no hay a amor imposible.
Tuya he sido y tuya soy.
No ha de faltar invención
para vernos cada día.

Federico Pues vete, señora mía,
y pues tienes discreción,
finge gusto, pues es justo,
con el duque.

Casandra Así lo haré
sin tu ofensa; que yo sé
que el que es fingido no es gusto.

(Vanse los dos y salen Aurora y Batín.)

Batín Ya he sabido, hermosa Aurora,
que ha de ser, o ya lo es,
tu dueño el señor marqués,
y que a Mantua os vais, señora.
Y así os vengo a suplicar
que allá me llevéis.

Aurora Batín,
mucho me admiro. ¿A qué fin
al conde quieres dejar?

Batín Servir mucho y medrar poco
es un linaje de agravio
que al más cuerdo, que al más sabio
o le mata, o vuelve loco.

Hoy te doy, mañana no,
quizá te daré después...
Yo no sé quizá quién es;
mas sé que nunca quizó.
Fuera de esto, está endiablado
el conde. No sé qué tiene.
Ya triste, ya alegre viene,
ya cuerdo, ya destemplado.
La duquesa, pues, también
insufrible y desigual;
pues donde va a todos mal,
¿quieres que me vaya bien?
El duque, santo fingido,
consigo a solas hablando,
como hombre que anda buscando
algo que se le ha perdido.
Toda la casa lo está;
contigo a Mantua me voy.

Aurora
Si yo tan dichosa soy
que el duque a Carlos me da,
yo te llevaré conmigo.

Batín
Beso mil veces tu pies,
y voy a hablar al marqués.

(Vase Batín y sale el Duque.)

Duque (Aparte.)
(¡Ay, honor, fiero enemigo!
¿Quién fue el primero que dio
tu ley al mundo, y que fuese
mujer quien en sí tuviese
tu valor, y el hombre no?
Pues sin culpa el más honrado

te puede perder, honor.
Bárbaro legislador
fue tu inventor, no letrado.
Mas dejarla entre nosotros
muestra que fuiste ofendido,
pues ésta invención ha sido
para que lo fuesen otros.)
¡Aurora!

Aurora ¿Señor?

Duque Yo creo
que con el marqués te casa
la duquesa, y yo a su ruego;
que más quiero contentarla
que dar este gusto al conde.

Aurora Eternamente obligada
quedo a servirte.

Duque Bien puedes
decir a Carlos que a Mantua
escriba al duque, su tío.

Aurora Voy donde el marqués aguarda
tan dichosa nueva.

(Vase Aurora.)

Duque Cielos,
hoy se ha de ver en mi casa
no más de vuestro castigo.
Alzad la divina vara.
No es venganza de mi agravio;

que yo no quiero tomarla
en vuestra ofensa, y de un hijo
ya fuera bárbara hazaña.
Éste ha de ser un castigo
vuestro no más, porque valga
para que perdone el cielo
el rigor por la templanza.
Seré padre, y no marido,
dando la justicia santa
a un pecado sin vergüenza
un castigo sin venganza.
Esto disponen las leyes
del honor, y que no haya
publicidad en mi afrenta,
con que se doble mi infamia.
Quien en público castiga,
dos veces su honor infama,
pues después que le ha perdido,
por el mundo le dilata.
La infame Casandra dejo
de pies y manos atada,
con un tafetán cubierta,
y por no escuchar sus ansias,
con una liga en la boca;
porque al decirle la causa,
para cuanto quise hacer
me dio lugar, desmayada.
Esto aun pudiera, ofendida,
sufrir la piedad humana;
pero dar la muerte a un hijo,
qué corazón no desmaya?
Solo de pensarlo, ¡ay triste!,
tiembla el cuerpo, expira el alma,
lloran los ojos, la sangre

muere en las venas heladas,
el pecho se desalienta,
el entendimiento falta,
la memoria está corrida
y la voluntad turbada.
Como arroyo que detiene
el hielo de noche larga,
del corazón a la boca
prende el dolor las palabras.
¿Qué quieres, Amor? ¿No ves
que Dios a los hijos manda
honrar los padres, y el conde
su mandamiento quebranta?
Déjame, Amor, que castigue
a quien las leyes sagradas
contra su padre desprecia,
pues tengo por cosa clara
que si hoy me quita la honra,
la vida podrá mañana.
Cincuenta mató Artajerjes
con menos causa, y la espada
de Darío, Torcuato y Bruto
ejecutó sin venganza
las leyes de la justicia.
Perdona, Amor; no deshagas
el derecho del castigo,
cuando el honor, en la sala
de la razón presidiendo,
quiere sentenciar la causa.
El fiscal verdad le ha puesto
la acusación, y está clara
la culpa; que ojos y oídos
juraron en la probanza.
Amor y sangre, abogados

le defienden; mas no basta;
que la infamia y la vergüenza
son de la parte contraria.
La ley de Dios, cuando menos,
es quien la culpa relata,
su conciencia quien la escribe.
¿Pues para qué me acobardas?
Él viene, ¡Ay, cielos, favor!

(Sale Federico.)

Federico
Basta que en palacio anda
pública la fama, señor,
que con el marqués Gonzaga
casa a Aurora, y que luego
se parte con ella a Mantua.
¿Mándasme que yo lo crea?

Duque
Conde, ni sé lo que tratan,
ni he dado al marqués licencia;
que traigo en cosas más altas
puesta la imaginación.

Federico
Quien gobierna, mal descansa.
¿Qué es lo que te da cuidado?

Duque
Hijo, un noble de Ferrara
se conjura contra mí
con otros que le acompañan.
Fióse de una mujer,
que el secreto me declara.
¡Necio quien de ellas se fía,
discreto quien las alaba!
Llamé al traidor, finalmente;

que un negocio de importancia
dije que con él tenía;
y cerrado en esa cuadra
le dije el caso, y apenas
le oyó, cuando se desmaya.
Con que pude fácilmente
en la silla donde estaba
atarle, y cubrir el cuerpo,
por que no viese la cara
quien a matarle viniese,
por no alborotar a Italia.
Tú has venido, y es más justo
hacer de ti confianza,
para que nadie lo sepa.
Saca animoso la espada,
conde, y la vida le quita;
que a la puerta de la cuadra
quiero mirar el valor
con que mi enemigo matas.

Federico

¿Pruébasme acaso, o es cierto
que conspirar intentaban
contra ti los dos que dices?

Duque

Cuando un padre a un hijo manda
una cosa, injusta o justa,
¿con él se pone a palabras?
Vete, cobarde; que yo...

Federico

Ten la espada, y aquí aguarda;
que no es temor, pues que dices
que es una persona atada,
pero no sé qué me ha dado,
que me está temblando el alma.

Duque — Quédate, infame...

Federico — Ya voy;
que pues tú lo mandas, basta.
Pero, ¡vive Dios!

Duque — ¡Oh, perro!

Federico — Ya voy, detente; y si hallara
el mismo César le diera
por ti, ¡ay Dios!, mil estocadas.

(Vase Federico.)

Duque — Aquí lo veré; ya llega;
ya con la punta la pasa.
Ejecute mi justicia
quien ejecutó mi infamia.
¡Capitanes! ¡Hola, gente!
¡Venid los que estáis de guarda!
¡Ah, caballeros, criados!
Presto.

(Salen el Marqués, Aurora, Batín, Ricardo y todos los demás que se han introducido.)

Marqués — ¿Para qué nos llamas,
señor, con tan altas voces?

Duque — ¿Hay tal maldad? A Casandra
ha muerto el conde, no más
de porque fue su madrastra,
y le dijo que tenía

mejor hijo en sus entrañas
para heredarme. ¡Matadle,
matadle! El duque lo manda.

Marqués ¿A Casandra?

Duque Sí, marqués.

Marqués Pues no volveré yo a Mantua
sin que la vida le quite.

Duque Ya con la sangrienta espada
sale el traidor.

(Sale Federico con la espada desnuda, va tras él el Marqués.)

Federico ¿Qué es aquesto?
Voy a descubrir la cara
del traidor que me decías,
y hallo...

Duque No prosigas, calla.
¡Matadle, matadle!

Marqués ¡Muera!

(Vanse Federico y el Marqués.)

Federico ¡Oh, padre! ¿Por qué me matan?

Duque En el tribunal de Dios,
traidor, te dirán la causa.
Tú, Aurora, con este ejemplo
parte con Carlos a Mantua,

que él te merece, y yo gusto.

Aurora
Estoy, señor, tan turbada,
que no sé lo que responda.

Batín
Di que sí; que no es sin causa
todo lo que ves, Aurora.

Aurora
Señor, desde aquí a mañana
te daré respuesta.

(Sale el Marqués.)

Marqués
Ya
queda muerto el conde.

Duque
En tanta
desdicha, aun quieren los ojos
verle muerto con Casandra.

(Descúbrense a Federico y Casandra.)

Marqués
Vuelve a mirar el castigo
sin venganza.

Duque
No es tomarla
el castigar la justicia.
Llanto sobra, y valor falta.
Pagó la maldad que hizo
por heredarme.

Batín
Aquí acaba,
senado, aquella tragedia
del castigo sin venganza

que, siendo en Italia asombro,
hoy es ejemplo en España.

Fin de la comedia

Libros a la carta

A la carta es un servicio especializado para
empresas,
librerías,
bibliotecas,
editoriales
y centros de enseñanza;
y permite confeccionar libros que, por su formato y concepción, sirven a los propósitos más específicos de estas instituciones.

Las empresas nos encargan ediciones personalizadas para marketing editorial o para regalos institucionales. Y los interesados solicitan, a título personal, ediciones antiguas, o no disponibles en el mercado; y las acompañan con notas y comentarios críticos.

Las ediciones tienen como apoyo un libro de estilo con todo tipo de referencias sobre los criterios de tratamiento tipográfico aplicados a nuestros libros que puede ser consultado en Linkgua-ediciones.com.

Linkgua edita por encargo diferentes versiones de una misma obra con distintos tratamientos ortotipográficos (actualizaciones de carácter divulgativo de un clásico, o versiones estrictamente fieles a la edición original de referencia).

Este servicio de ediciones a la carta le permitirá, si usted se dedica a la enseñanza, tener una forma de hacer pública su interpretación de un texto y, sobre una versión digitalizada «base», usted podrá introducir interpretaciones del texto fuente. Es un tópico que los profesores denuncien en clase los desmanes de una edición, o vayan comentando errores de interpretación de un texto y esta es una solución útil a esa necesidad del mundo académico.

Asimismo publicamos de manera sistemática, en un mismo catálogo, tesis doctorales y actas de congresos académicos, que son distribuidas a través de nuestra Web.

El servicio de «libros a la carta» funciona de dos formas.

1. Tenemos un fondo de libros digitalizados que usted puede personalizar en tiradas de al menos cinco ejemplares. Estas personalizaciones pueden ser de todo tipo: añadir notas de clase para uso de un grupo de estudiantes, introducir logos corporativos para uso con fines de marketing empresarial, etc. etc.

2. Buscamos libros descatalogados de otras editoriales y los reeditamos en tiradas cortas a petición de un cliente.

Printed in Poland
by Amazon Fulfillment
Poland Sp. z o.o., Wrocław